KB042309

땡큐 재테크 투자

부(富) 및 인터넷 파이낸스

김종권

Thank you Investment

Wealth and Internet Finance

박영사

머리말

미국과 한국의 글로벌 동조화 현상이 진행되고 있는 가운데 금융시장 이외에도 실물시장에서도 비슷한 양상이 전개되고 있다. 일부 시장 전문가들에게 있어서는 미국과 일본 등 선진국에서의 부동산 시장이 약세인지 체크를 해 보아야 한다는 의견을 갖고 있기도 하다.

한국의 경우 특정지역에서 강을 중심으로 이루어지기도 하고, 조망권과 관련하여 투자가 아파트나 오피스텔 등에서도 중요하게 여겨지기도 한다. 그리고 앞에서도 언급한 바와 같이 평형을 중심으로 소형에서 중형으로 대형으로 이어지는 연결고리의 투자 패턴과 특정지역의 오름 현상이 주변에 순차적으로 전파되기도 한다.

소형이나 중소형의 경우 결혼 연령이나 1인 가구의 증가와 함께 관심을 갖게 되기도 하는 것이다. 이와 같은 현재 시대의 흐름과 함께 평균을 중심으로 움직이는 현상도 눈여겨보아야 한다는 것이 시장에서의 판단인 것이다.

그리고 국내 부동산시장이 국내인 이외에도 외국인들도 매수를 하는 것도 하나의 현상으로 보아야 한다. 따라서 미국을 중심으로 하는 금리정책과 한국의 거시경제 정책 그리고 한국의 대학입학 시험과 관련된 교육제도 등 모든 제반 여건 등도 부동산(아파트, 주택, 토지 등) 가격(real estate price) 움직임에 영향의 요인들이다.

그리고 중앙정부나 지방정부의 정책적인 함의도 중요하고 향후 미국을 비롯한 선진국들과 이웃하고 있는 중국과 일본 등의 경제정책과 경기변동 등 제반 여건들에 대하여도 잘 살펴보아야 한다.

본 저서의 구성 체계로는 제1편에 있어서 금융 및 부동산(주택)시장의 투자심리와 오픈뱅킹시스템에서는 chapter 01 부동산(주택)시장의 포트폴리오와 오픈뱅킹시스템과 chapter 02 금융 및 부동산(주택)자산의 투자심리 및 승수가 다루어지고 있다. chapter 01은 제1절 디지털뱅킹시스템과 오픈뱅킹시스템 및 부동산(주택) 투자와 제2절 금융시장과 부동산(주택)시장의 포트폴리오와 투자 성향으로 나누어져 있다. chapter 02는 제1절 금융자산과 부동산(주택)자산 및 투자심리와 제2절 경제를 통한 변화요인과 승수로 구성되어 있다.

제2편 인터넷 기반의 혼합적인 은행과 부동산(주택)관련 투자에는 chapter 03 인터넷관련 전문은행과 부동산 관련 펀드 투자와 chapter 04 혼합적인 은행과 기업금융의 발행 및 유통시장으로 구성되어져 있다. chapter 03은 제1절 인터넷관련 전문은행과 부동산(주택)의 투자와 제2절 세계적인 금리인하 기조와 부동산 관련 펀드 투자로 나누어져 있다. chapter 04는 제1절 보험 및 인터넷기반의 혼합적인 은행과 한국 오픈 뱅킹사업과 제2절 기업금융과 발행 및 유통시장, 4차 산업혁명으로 구성되어져 있다.

제3편 자본의 배분선 및 증권의 시장선과 모험자본에 대한 투자에는 chapter 05 모험자본에 대한 투자와 자산 및 지분수익률 변화와 chapter 06 자본의 배분선 및 증권의 시장선과 투자 선택으로 구성되어 있다. chapter 05는 제1절 모험자본에 대한 투자와 면책범위, 경기변동에 따른 투자와 제2절 자산수익률과 지분수익률, 다국적기업의 세후 순이익의 변화로 대별되어 있다. chapter 06은 제1절 기업들의 회사채 발행 여건과 투자자들의 투자 선택과 제2절 자본의 배분선 및 증권의 시장선과 투자의 상관성 분석으로 나누어져 있다.

제4편 부동산 투자패턴과 그린본드라고 불리는 ESG투자에는 chapter 07 부동산 투자패턴과 자산에 대한 수익률과 chapter 08 리츠 미래가치 투자와 그린본드라고 불리는 ESG투자로 대별되어져 있다. chapter 07은 제1절 부동산 투자패턴과 인터넷관련 은행의 자본에 대한 수익률과 제2절 2020년 미국의 주택경기와 세계경기로 구성되어져 있다. chapter 08은 제1절 부동산(주택 : 아파트)의 투자와 미래가치 그리고 제2절 리츠의 투자와 그린본드라고 불리는 ESG투자로 구성되어져 있다.

제5편 국내 재테크 안전 투자 현상과 미국의 경기와 금리정책에는 chapter 09 주요국의 대도시의 초밀집지역과 확실성의 등가 투자와 chapter 10 미국의 경기와 금리정책, 국내 재테크 투자로 대별되어져 있다. chapter 09는 제1절 주요국의 대도시의 초밀집지역과 부동산 가격(주택)의 관계와 제2절 불확실성과 확실성의 등가에 대한 상관성의 내용이 들어 있다. 그리고 chapter 10은 제1절 저금리시대 금융기관의 위험관리와 미국의 NAPM지수와 제2절 재테크 투자와 관련된 견해가 들어 있다.

본 서적이 출간되도록 배려해주시고 늘 따뜻한 격려를 해 주시는 안종만 회장님과 안상준 대표님께 감사의 말씀을 드립니다. 또한 손준호 과장님께서는 항상 연구 활동에 격려를 해 주시고 누구보다도 열심히 책이 잘 구성될 수 있도록 좋으신 조언을 아끼시지 않아주셔서 늘 존경하고 있고 진심어린 감사드립니다.

땡큐 재테크 투자는 그동안의 서적들이 주로 금융부문의 서적들이 많고 기여점들이 많아서 금융 이외에 실물투자 특히 현재의 시대에 부동산의 아파트 및 주택 투자 등과 연계하여 경기변동의 관점에서 기술하여 향후 재테크에 관심이 있으신 분들 이외에도 학생 분들도 관련 자격증이나 현재의 대내외 경제 상황을 이해하시기 좋으시게 구성하였다.

본 저서에는 연습문제도 포함을 시켜서 본문에서 다루어진 내용에 대하여 자세히 검토의 계기를 드리도록 편리성을 제공해 드렸으며, 공무원을 비롯한 각종 자격증 및 일반 대중의 분들과 기업체와 실물부문 및 금융부문에 종사하시는 분들께 도움이 되시리라고 기대된다.

그리고 각종 경제 정책과 특히 해외적인 부문에 있어서의 국내에 대한 영향도 적어서 현 시대에 재테크(wealth)에 주는 영향들에 대하여 총 정리한 점도 장점이다.

늘 언제나 학문에 정진하고 계시는 신한대학교의 학생 모든 분들과 구성하고 계시는 모든 분들께도 감사말씀을 드린다.

늘 언제나 본 저서가 출간될 수 있도록 응원해 주신 모든 가족 분들께도 감사드린다. 그리고 늘 동행주시는 하나님의 은혜와 본 저서를 통하여서도 학문에 정진하시는 학생들께 진심어린 감사의 말씀을 드린다.

2019년 12월
김종권

차 례

제1편
금융 및 부동산(주택)시장의 투자심리와 오픈뱅킹시스템

Chapter 01 부동산(주택)시장의 포트폴리오와 오픈뱅킹시스템 ·················· 9
제1절 디지털뱅킹시스템과 오픈뱅킹시스템 및 부동산(주택) 투자   9
제2절 금융시장과 부동산(주택)시장의 포트폴리오와 투자 성향   24
◆ 연습 문제 1   34

Chapter 02 금융 및 부동산(주택)자산의 투자심리 및 승수 ·················· 45
제1절 금융자산과 부동산(주택)자산 및 투자심리   45
제2절 경제를 통한 변화요인과 승수   57
◆ 연습 문제 2   63

제2편
인터넷 기반의 혼합적인 은행과 부동산(주택)관련 투자

Chapter 03 인터넷관련 전문은행과 부동산 관련 펀드 투자 ·················· 71
제1절 인터넷관련 전문은행과 부동산(주택)의 투자   71
제2절 세계적인 금리인하 기조와 부동산 관련 펀드 투자   76
◆ 연습 문제 3   85

Chapter 04 혼합적인 은행과 기업금융의 발행 및 유통시장 ·················· 89
제1절 보험 및 인터넷기반의 혼합적인 은행과 한국 오픈 뱅킹사업   89
제2절 기업금융과 발행 및 유통시장, 4차 산업혁명   109
◆ 연습 문제 4   117

제3편

자본의 배분선 및 증권의 시장선과 모험자본에 대한 투자

Chapter 05 모험자본에 대한 투자와 자산 및 지분수익률 변화 ·············· **125**

제1절 모험자본에 대한 투자와 면책범위, 경기변동에 따른 투자　　125

제2절 자산수익률과 지분수익률, 다국적기업의 세후 순이익의 변화　　129

◆ 연습 문제 5　　132

Chapter 06 자본의 배분선 및 증권의 시장선과 투자 선택 ·················· **135**

제1절 기업들의 회사채 발행 여건과 투자자들의 투자 선택　　135

제2절 자본의 배분선 및 증권의 시장선과 투자의 상관성 분석　　142

◆ 연습 문제 6　　155

제4편

부동산 투자패턴과 그린본드라고 불리는 ESG투자

Chapter 07 부동산 투자패턴과 자산에 대한 수익률 ······························ **165**

제1절 부동산의 투자 패턴과 인터넷관련 은행의 투자 자본에 대한 수익률　165

제2절 2020년 미국의 주택경기와 세계경기　　169

◆ 연습 문제 7　　172

Chapter 08 리츠 미래가치 투자와 그린본드라고 불리는 ESG투자 ········· **175**

제1절 부동산(주택 : 아파트)의 투자와 미래가치　　175

제2절 리츠의 투자와 그린본드라고 불리는 ESG투자　　187

◆ 연습 문제 8　　191

제5편

국내 재테크 안전 투자 현상과 미국의 경기와 금리정책

Chapter 09 주요국의 대도시의 초밀집지역과 확실성의 등가 투자 ········· **197**

제1절 주요국의 대도시의 초밀집지역과 부동산 가격(주택)의 관계　　197

제2절 불확실성과 확실성의 등가에 대한 상관성　　202

　◆ 연습 문제 9　　208

Chapter 10 미국의 경기와 금리정책, 국내 재테크 투자 ························· **211**

제1절 저금리시대 금융기관의 위험관리와 미국의 NAPM지수　　211

제2절 재테크 투자와 관련된 견해　　214

참고문헌　218

찾아보기　219

제1편

금융 및 부동산(주택)시장의
투자심리와 오픈뱅킹시스템

부동산(주택)시장의
포트폴리오와 오픈뱅킹시스템

제1절   디지털뱅킹시스템과 오픈뱅킹시스템 및 부동산(주택) 투자

투자자들이 벌어들인 소득은 저축과 소비로 직결이 된다. 즉 소득 중에서 소비하고 남은 나머지는 저축으로 인하여 향후 필요할 때 사용하려는 목적과 부의 축적 수단 등으로 활용될 수 있는 것이다.

이와 같은 저축으로 인한 부의 축적은 예금의 경우 금리하락으로 인하여 단순한 정기예금 이외에도 신탁상품 등 다양한 상품들이 소개되고 투자가 이루어지고 있다. 이와 같은 은행을 이용한 저축과 같은 투자는 이제는 오프라인 이외에도 온라인으로 취급 및 거래가 이루어지게 되는 인터넷은행과 같은 인터넷에 의한 전문은행도 이루어지고 있는 상황이다.

이와 같은 은행업은 결제수단에 있어서 소비자들에게 편리성을 제공하여 주는 방향으로 발달하여 왔는데 최근 인터넷에 의하여 더욱 편리성을 도모할 수 있는 시스템이 있는지와 관련하여 진행되고 있는 것이다.

이는 주로 비용 감소효과가 있는지와 고객들에 대한 편리성, 고객들에 대한 수익성 제고가 가능한지와 관련된 것이다. 전통적인 은행 업무에 있어서 인터넷을 기반으로 하는 전문은행의 경우 수익성을 갖춘 모형으로 전개되어 나갈 수 있다. 이는 비용의 절감에 따른 이익의 증대 방향과 관련된 것이다.

표 1-1 ▎ 인터넷을 기반으로 하는 전문은행의 장점

	내용적인 요인
인터넷을 기반으로 하는 전문은행의 장점	투자자들이 벌어들인 소득은 저축과 소비로 직결이 된다. 즉 소득 중에서 소비하고 남은 나머지는 저축으로 인하여 향후 필요할 때 사용하려는 목적과 부의 축적 수단 등으로 활용될 수 있는 것이다.
	이와 같은 저축으로 인한 부의 축적은 예금의 경우 금리하락으로 인하여 단순한 정기예금 이외에도 신탁상품 등 다양한 상품들이 소개되고 투자가 이루어지고 있다. 이와 같은 은행을 이용한 저축과 같은 투자는 이제는 오프라인 이외에도 온라인으로 취급 및 거래가 이루어지게 되는 인터넷은행과 같은 인터넷에 의한 전문은행도 이루어지고 있는 상황이다.
	이와 같은 은행업은 결제수단에 있어서 소비자들에게 편리성을 제공하여 주는 방향으로 발달하여 왔는데 최근 인터넷에 의하여 더욱 편리성을 도모할 수 있는 시스템이 있는지와 관련하여 진행되고 있는 것이다.
	이는 주로 비용 감소효과가 있는지와 고객들에 대한 편리성, 고객들에 대한 수익성 제고가 가능한지와 관련된 것이다. 전통적인 은행 업무에 있어서 인터넷을 기반으로 하는 전문은행의 경우 수익성을 갖춘 모형으로 전개되어 나갈 수 있다. 이는 비용의 절감에 따른 이익의 증대 방향과 관련된 것이다.

이와 같은 금융자산과 다른 한편으로 부동산(주택) 시장의 동향이 주목을 받고 있다. 이는 투자의 두 축 중에 하나인 건설투자와 관련되어 있기도 한데, 금융자산과 부동산자산의 투자가 대체재인가? 에 대하여는 많은 연구가 필요한 것으로 판단된다.

부동산(주택) 시장에서 투자가 합리적으로 이루어지고 있는지 또는 이익창출과

관련하여 효율적인 시장인지? 그리고 경제적인 가치가 있는지 등과 관련하여 많은 연구들이 있어온 것도 현실이다.

따라서 투자를 함에 있어서 금융자산에 어느 정도 투자를 하고 부동산(주택)에 대한 실물자산 투자를 어느 정도를 할지와 관련하여서 개인들은 비율을 정해야 하는 상황에 놓이기도 한다.

물론 금융자산 내에서도 채권과 주식의 비율이라든지 개인의 투자성향과 같은 점검해야 할 중요한 요인들이 있다. 따라서 전체적인 포트폴리오와 함께 투자에 대한 의사결정에 있어서 개인들의 투자성향까지 고려된 투자가 현실적으로는 이루어지게 되는 것이다.

표 1-2 ▌금융자산과 부동산(주택)자산에 대한 포트폴리오

	내용적인 요인
금융자산과 부동산(주택)자산 에 대한 포트폴리오	금융자산과 다른 한편으로 부동산(주택) 시장의 동향이 주목을 받고 있다. 이는 투자의 두 축 중에 하나인 건설투자와 관련되어 있기도 한데, 금융자산과 부동산자산의 투자가 대체재인가?에 대하여는 많은 연구가 필요한 것으로 판단된다.
	부동산(주택) 시장에서 투자가 합리적으로 이루어지고 있는지 또는 이익창출과 관련하여 효율적인 시장인지? 그리고 경제적인 가치가 있는지 등과 관련하여 많은 연구들이 있어온 것도 현실이다.
	투자를 함에 있어서 금융자산에 어느 정도 투자를 하고 부동산(주택)에 대한 실물자산 투자를 어느 정도를 할지와 관련하여서 개인들은 비율을 정해야 하는 상황에 놓이기도 한다.
	금융자산 내에서도 채권과 주식의 비율이라든지 개인의 투자성향과 같은 점검해야 할 중요한 요인들이 있다. 따라서 전체적인 포트폴리오와 함께 투자에 대한 의사결정에 있어서 개인들의 투자성향까지 고려된 투자가 현실적으로는 이루어지게 되는 것이다.

또한 투자를 단행하는 것과 관련하여서는 미국의 2008년과 2009년의 금융위기아 같은 상황이 발생한 경우에 대한 개인투자자들의 대처와 시장 상황에 대한 판단도 중요하고 현재 진행 중에 있는 미국을 중심으로 하는 금리정책도 가장 중요한 요소 중에 하나임이 분명한 것도 고려해 나가야 한다.

표 1-3 ▎ 미국의 금리정책과 경제적인 긴급한 변화에 대한 대처사항

	내용적인 요인
미국의 금리정책과 경제적인 긴급한 변화에 대한 대처사항	투자를 단행하는 것과 관련하여서는 미국의 2008년과 2009년의 금융위기와 같은 상황이 발생할 경우에 대한 개인투자자들의 대처와 시장 상황에 대한 판단도 중요하고 현재 진행 중에 있는 미국을 중심으로 하는 금리정책도 가장 중요한 요소 중에 하나임이 분명한 것도 고려해 나가야 한다.

그림 1-1 ▎ 한국 산업생산지수(계절변동조정)(2015=100 기준, 전월대비 차감 자료)

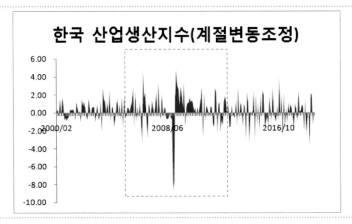

(그림 1-1)은 한국 산업생산지수(계절변동조정)(2015=100 기준, 전월대비 차감 자료)가 나타나 있다. 여기서 기간은 2000년 2월부터 2019년 6월까지이다. 자료는 한국은행에서 제공하는 경제통계시스템인 간편 검색을 통하여 구한 수치이다.[1]

이 기간 동안 2018년 1월 이후 2019년 6월까지의 평균 수치는 0.01 상승한 것으로 나타났다. 한편 박스와 같이 2008년 정도의 음의 수치가 크게 나타난 것은 미국의 서브프라임 모기지 사태의 영향을 받아 발생한 것으로 판단된다.

---

1 http://ecos.bok.or.kr/

그림 1-2 ▮ 미국 산업생산지수(계절변동조정)(2015=100 기준, 전월대비 차감 자료)

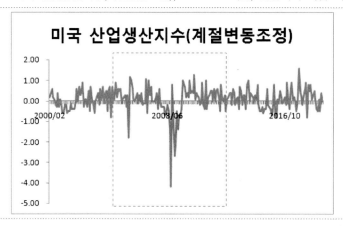

(그림 1－2)는 미국 산업생산지수(계절변동조정)(2015＝100 기준, 전월대비 차감 자료)가 나타나 있다. 여기서 기간은 2000년 2월부터 2019년 6월까지이다. 자료는 한국은행에서 제공하는 경제통계시스템인 간편 검색을 통하여 구한 수치이다.

이 기간 동안 2018년 1월 이후 2019년 6월까지의 평균 수치는 0.17 상승한 것으로 나타나 미국의 초호황국면이 드러나고 있다. 즉 저물가와 낮은 실업률의 상태로 인한 경제의 선순환 구조가 드러나고 있는 것이다.

한편 박스와 같이 2008년 정도의 음의 수치가 크게 나타난 것은 한국에서와 같이 미국의 서브프라임 모기지 사태의 영향을 받아 발생한 것으로 판단된다. 미국을 비롯한 세계의 경제에 영향을 줄 수 있는 2019년 들어 미국 및 중국에 있어서의 무역마찰은 지속적인 양상을 보이곤 하였다.

인터넷관련 전문은행의 발전은 이들 산업에 대한 투자와 이를 통한 기술적인 발전과 관련되어 있다. 이는 주로 정보통신기술과 관련된 것으로 정보통신기술의 발전을 토대로 경제성과 관련된 비용절감효과를 가져올 수 있다는 장점을 지니고 있는데, 이와 같은 새로운 정보통신기술에 대한 개발과 연구관련 투자의 증대 등이 필요한 사항으로 판단된다.

표 1-4 | 인터넷관련 전문은행의 발전 : 정보통신기술과 연구관련 투자의 증대

	내용적인 요인
인터넷관련 전문은행의 발전 : 정보통신기술과 연구관련 투자의 증대	인터넷관련 전문은행의 발전은 이들 산업에 대한 투자와 이를 통한 기술적인 발전과 관련되어 있다. 이는 주로 정보통신기술과 관련된 것으로 정보통신기술의 발전을 토대로 경제성과 관련된 비용절감효과를 가져올 수 있다는 장점을 지니고 있는데, 이와 같은 새로운 정보통신기술에 대한 개발과 연구관련 투자의 증대 등이 필요한 사항으로 판단된다.

표 1-5 | 부동산(주택)의 미래가치 형성 : 국가 및 지방자치 단위에 있어서의 계획

	내용적인 요인
부동산(주택)의 미래가치의 형성 : 국가에서의 계획과 지방자치 단위에 있어서의 계획	금융자산과 달리 실물자산에 있어서의 개인투자자들의 투자는 역세권과 같은 교통적인 요인과 정부의 정책 방향이 무엇보다 중요하다. 그리고 부동산(주택)의 미래가치의 형성에 대한 올바른 개인투자자들의 인식 또한 무엇보다 중요한 것이다.
	국가에서의 계획과 지방자치 단위에 있어서의 계획 등이 중요하다는 것이다. 또한 경제적인 현재의 위치도 중요한데 이와 관련하여 하나의 국가에서의 생산과 소비, 수출 수준 그리고 물가 등 거시경제적인 변수들의 움직임과 경기변동과 같은 요소도 이들 부동산(주택) 가격에 심리적이든 미래가치와 관련하여 중요한 요소가 되는 것이다.

금융자산과 달리 실물자산에 있어서의 개인투자자들의 투자는 역세권과 같은 교통적인 요인과 정부의 정책 방향이 무엇보다 중요하다. 그리고 부동산(주택)의 미래가치의 형성에 대한 올바른 개인투자자들의 인식 또한 무엇보다 중요한 것이다.

즉 국가에서의 계획과 지방자치 단위에 있어서의 계획 등이 중요하다는 것이다. 또한 경제적인 현재의 위치도 중요한데 이와 관련하여 하나의 국가에서의 생산과 소비, 수출 수준 그리고 물가 등 거시경제적인 변수들의 움직임과 경기변동과 같은 요소도 이들 부동산(주택) 가격에 심리적이든 미래가치와 관련하여 중요한 요소가 되는 것이다.

표 1-6 ▍ 인터넷관련 전문은행이 발전과 전문적인 지식의 습득과정

	내용적인 요인
인터넷관련 전문은행이 발전과 전문적인 지식의 습득과정	전자적인 플랫폼을 통하여 인터넷관련 전문은행이 발전을 해 나가고 있는데, 이와 같은 인터넷관련 전문은행의 차원 높은 발전을 위해서는 재무와 관리의 전문가를 포함하여 기업가들까지 포함된 새로운 전문적인 지식습득이 병행되고 있다.

전자적인 플랫폼을 통하여 인터넷관련 전문은행이 발전을 해 나가고 있는데, 이와 같은 인터넷관련 전문은행의 차원 높은 발전을 위해서는 재무와 관리의 전문가를 포함하여 기업가들까지 포함된 새로운 전문적인 지식습득이 병행되고 있다.

표 1-7 ▍ 효율적인 시장과 신고전학파의 이론

	내용적인 요인
효율적인 시장과 신고전학파의 이론	완전경쟁시장을 통한 효율적인 시장이 전제되어야 금융시장과 실물시장이 발전을 해 나갈 수가 있다. 이는 1980년대 이전부터 연구가 되고 이론적인 토대가 구축되기 시작하였다. 이는 신고전학파적인 이론 토대가 중요한 밑받침이 되었는데, 통화량이 증가하거나 감소하는 것이 실질적인 변수들에 있어서 작동을 하지 않고 단지 명목적인 변수들에만 영향이 있을 수 있다는 견해가 있어왔다.
	이와 같은 토대가 구축될 수 있었던 것은 국가 전체적인 공급곡선(aggregated supply curve)이 수직선과 같은 형태로 될 수 있다는 가설 때문이다. 이는 임금수준이 신축적으로 조정이 가능하고 완전고용의 달성이 가능하다는 전제가 있기 때문이다.
	통화량이 늘어나도 국가 전체적인 공급곡선이 수직선과 같은 형태이기 때문에 국가 전체적인 수요증가가 물가의 상승요인으로만 작용한다고 본 것이다. 또한 화폐의 환상현상이 없다는 것을 전제로 하는데, 이는 임금수준의 상승과 물가수준의 상승이 동일한 경우 실질임금 자체는 변화가 없지만 노동자들이 생활형편이 개선되었다는 환상적인 현상이 발생하지 않는다는 것을 의미한다.
	신고전학파적인 이론에서는 이와 같은 국가적인 경제상황이 이루어질 때 효율적인 시장이 이루어져서 금융시장과 실물시장이 발전을 해 나갈 수 있는 토대가 만들어진다고 판단되어지고 연구되어 온 것이다.

완전경쟁시장을 통한 효율적인 시장이 전제되어야 금융시장과 실물시장이 발전을 해 나갈 수가 있다. 이는 1980년대 이전부터 연구가 되고 이론적인 토대가 구축되기 시작하였다. 이는 신고전학파적인 이론 토대가 중요한 밑받침이 되었는데, 통화량이 증가하거나 감소하는 것이 실질적인 변수들에 있어서 작동을 하지 않고 단지 명목적인 변수들에만 영향이 있을 수 있다는 견해가 있어왔다.

이와 같은 토대가 구축될 수 있었던 것은 국가 전체적인 공급곡선(aggregated supply curve)이 수직선과 같은 형태로 될 수 있다는 가설 때문이다. 이는 임금수준이 신축적으로 조정이 가능하고 완전고용의 달성이 가능하다는 전제가 있기 때문이다.

따라서 통화량이 늘어나도 국가 전체적인 공급곡선이 수직선과 같은 형태이기 때문에 국가 전체적인 수요증가가 물가의 상승요인으로만 작용한다고 본 것이다. 또한 화폐의 환상현상이 없다는 것을 전제로 하는데, 이는 임금수준의 상승과 물가수준의 상승이 동일한 경우 실질임금 자체는 변화가 없지만 노동자들이 생활형편이 개선되었다는 환상적인 현상이 발생하지 않는다는 것을 의미한다.

신고전학파적인 이론에서는 이와 같은 국가적인 경제상황이 이루어질 때 효율적인 시장이 이루어져서 금융시장과 실물시장이 발전을 해 나갈 수 있는 토대가 만들어진다고 판단되어지고 연구되어 온 것이다.

표 1-8 ▮ 신고전학파 : 비전통적인 방식의 중앙은행 통화 공급과 정보의 비대칭성

	내용적인 요인
신고전학파 : 비전통적인 방식의 중앙은행 통화 공급과 정보의 비대칭성	신고전학파적인 연구에서는 화폐에 대하여 전통적인 통화정책이 아닌 비전통적인 방식으로 중앙은행(central bank)에 의하여 경기부양관련 새로운 보조금과 같은 현상의 돈(money) 공급이 개개인들에게 의도하지 않게 이루어지면 소비의 증가로 인하여 금리인하의 경우보다 더욱 경기부양에 효과가 있을 수 있다고 주장해 오기도 하였다. 이는 전통적인 통화정책이 아닌 만큼 신중하게 접근할 수밖에 없는 것이며, 동시에 정보의 비대칭성으로 인하여 효과가 가능할 수도 있다는 측면이기도 하다.

이와 같은 신고전학파적인 연구에서는 화폐에 대하여 전통적인 통화정책이 아닌 비전통적인 방식으로 중앙은행(central bank)에 의하여 경기부양관련 새로운 보조금과 같은 현상의 돈(money) 공급이 개개인들에게 의도하지 않게 이루어지면 소비의 증가로 인하여 금리인하의 경우보다 더욱 경기부양에 효과가 있을 수 있다고 주장해 오기도 하였다. 이는 전통적인 통화정책이 아닌 만큼 신중하게 접근할 수밖에 없는 것이며, 동시에 정보의 비대칭성으로 인하여 효과가 가능할 수도 있다는 측면이기도 하다.

(그림 1-3)은 일본 산업생산지수(계절변동조정)(2015＝100 기준, 전월대비 차감 자료)가 나타나 있다. 여기서 기간은 2000년 2월부터 2019년 6월까지이다. 자료는 한국은행에서 제공하는 경제통계시스템인 간편 검색을 통하여 구한 수치이다. 이 기간 동안 2018년 1월 이후 2019년 6월까지의 평균 수치는 −0.24만큼 하락한 것으로 나타나 일본 경제의 상황을 나타내 주고 있다.

일본의 경우 체감적인 경기상황을 나타내 주는 2019년 8월의 실업률이 완전 고용과 가깝게 이루어지고 있는 것으로 나타나 있다. 따라서 구인의 어려움을 회사들은 호소하고 있으며 미국과 중국 사이의 무역마찰로 인하여 제조업의 구인 축소가 우려되고 있는 상황이기도 하다.

그 동안 일본은 아베노믹스를 비롯하여 경기의 안정화를 위하여 노력을 해 오기도 하였다. (그림 1-3)을 살펴보면, 2008년과 2009년경에 미국의 금융위기(financial crisis) 당시 일본의 생산이 위축되는 현상을 보이기도 한 것으로 나타나고 있다.

그림 1-3 ▌ 일본 산업생산지수(계절변동조정)(2015=100 기준, 전월대비 차감 자료)

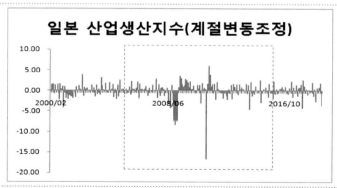

그림 1-4 ▎ 영국 산업생산지수(계절변동조정)(2015=100 기준, 전월대비 차감 자료)

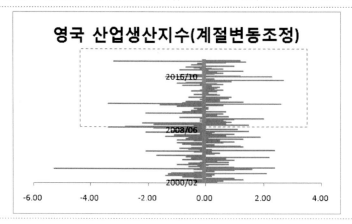

(그림 1-4)는 영국 산업생산지수(계절변동조정)(2015=100 기준, 전월대비 차감 자료)가 나타나 있다. 여기서 기간은 2000년 2월부터 2019년 6월까지이다. 자료는 한국은행에서 제공하는 경제통계시스템인 간편 검색을 통하여 구한 수치이다.

이 기간 동안 2018년 1월 이후 2019년 6월까지의 평균 수치는 −0.01만큼 하락한 것으로 나타나 영국 경제 현재의 상황을 나타내 주고 있다. 영국은 2019년 10월 초순에 들어서 EU에 대하여 브렉시트(Brexit)와 관련하여 협상을 진행 중에 있기도 한 상황에 놓여 있다. 영국은 현재 독일과 달리 제조업보다는 금융업에 대하여 강점을 지니고 있기도 하다.

금융시장의 경우 경제의 성장부문에 있어서 긍정적인 영향을 주고 있다. 이는 금리의 인하와 같은 정책이 기업들에게 있어서 자금조달을 편리하게 도모해 주고 이는 생산자금을 통하여 생산 및 판매 등에 있어서 긍정적인 영향을 나타내기 때문이다.

그러면 반대로 경제가 금융시장에 긍정적인 영향을 나타내 주는가? 이에 대한 것도 역시 경제의 안정이 결국 금융시장의 발달에 긍정적인 영향을 주게 되어 금융시장의 선진화를 위해서는 역시 경제의 안정적인 성장이 도움이 될 수밖에 없는 것이다.

표 1-9 ▌ 금융시장과 경제의 성장에 있어서의 상호 긍정적인 관계성

	내용적인 요인
금융시장과 경제의 성장에 있어서의 상호 긍정적인 관계성	금융시장의 경우 경제의 성장부문에 있어서 긍정적인 영향을 주고 있다. 이는 금리의 인하와 같은 정책이 기업들에게 있어서 자금조달을 편리하게 도모해 주고 이는 생산자금을 통하여 생산 및 판매 등에 있어서 긍정적인 영향을 나타내기 때문이다.
	경제가 금융시장에 긍정적인 영향을 나타내 주는가? 이에 대한 것도 역시 경제의 안정이 결국 금융시장의 발달에 긍정적인 영향을 주게 되어 금융시장의 선진화를 위해서는 역시 경제의 안정적인 성장이 도움이 될 수밖에 없는 것이다.

금융시장에서 4차 산업혁명과 관련되어 있는 인터넷 기반의 전문은행의 경우 비용절감의 긍정적인 효과 이외에 전통적인 오프라인 방식의 은행보다 수익성 제고가 현실적으로 나타났는지 잘 살펴보아야 하는 시점이다. 이에 대하여 인터넷 기반의 전문은행과 전통적인 은행방식이 혼합된 형태의 은행체제가 있기도 한 상황이다.

표 1-10 ▌ 인터넷 기반의 전문은행과 전통적인 은행방식이 혼합된 형태의 은행체제

	내용적인 요인
인터넷 기반의 전문은행과 전통적인 은행방식이 혼합된 형태의 은행체제	금융시장에서 4차 산업혁명과 관련되어 있는 인터넷 기반의 전문은행의 경우 비용절감의 긍정적인 효과 이외에 전통적인 오프라인 방식의 은행보다 수익성 제고가 현실적으로 나타났는지 잘 살펴보아야 하는 시점이다. 이에 대하여 인터넷 기반의 전문은행과 전통적인 은행방식이 혼합된 형태의 은행체제가 있기도 한 상황이다.

표 1-11 ▌ 인터넷을 기반으로 하는 전문은행의 장점

	내용적인 요인
부동산(주택)에 있어서 제도적인 또는 법적인 측면의 중요성과	금융업 이외의 식무적이 투자와 관련된 부동산(주택)의 경우에는 제도적인 측면에 있어서 많은 영향을 받고 있다. 부동산(주택) 투자와 관련하여 각종 제도적인 또는 법적인 안정장치가 마련되어 있거나 마련되고 있다.

수요와 공급의 법칙	부동산(주택) 관련하여 경기변동은 건설투자와 연결되어 있어서 신중히 접근하기도 한다. 2019년 10월 초순 들어 특정지역의 경우 전문가들은 부동산(주택)의 가격과 경기변동과 관련하여 수요와 공급의 상황에 대한 연구와 도시개발과 같은 프로젝트, 금리인하에 대한 환경적인 측면 등이 밀접하게 전개될 수 있음을 지적하고 있기도 한 상황이다. 부동산(주택)과 관련된 금융적인 측면에서 주택담보의 가치에 대한 대출의 비율인 LTV가 있기도 하다.

이와 같은 금융업 이외의 실물적인 투자와 관련된 부동산(주택)의 경우에는 제도적인 측면에 있어서 많은 영향을 받고 있다. 부동산(주택) 투자와 관련하여 각종 제도적인 또는 법적인 안정장치가 마련되어 있거나 마련되고 있다.

부동산(주택) 관련하여 경기변동은 건설투자와 연결되어 있어서 신중히 접근하기도 한다. 2019년 10월 초순 들어 특정지역의 경우 전문가들은 부동산(주택)의 가격과 경기변동과 관련하여 수요와 공급의 상황에 대한 연구와 도시개발과 같은 프로젝트, 금리인하에 대한 환경적인 측면 등이 밀접하게 전개될 수 있음을 지적하고 있기도 한 상황이다. 부동산(주택)과 관련된 금융적인 측면에서 주택담보의 가치에 대한 대출의 비율인 LTV가 있기도 하다.

표 1-12 ▎ 시장에 있어서의 효율성과 미래가치의 현재가치화를 통한 투자의 타당성 분석

	내용적인 요인
시장에 있어서의 효율성과 미래가치의 현재가치화를 통한 투자의 타당성 분석	금융이든 부동산(주택) 분야에 대한 투자이든 간에 있어서 중요한 것은 시장에 대한 신뢰의 형성과 합리적 기대가 가능한 시장을 만들어 나가고 효율적인 시장체제로 가져가야 한다는 것이다.
	금융자산과 부동산(주택) 분야에 있어서 중요한 것이 현재가치법을 활용한 미래가치의 현재화가 중요하다. 따라서 개인이든 기업의 투자에 있어서 미래가치가 높아져야 투자의 타당성을 갖게 되는 것이다.
	$Present\ Value\ =\ (\text{Profit}_0 - \text{Cost}_0) + \dfrac{(\text{Profit}_1 - \text{Cost}_1)}{(1 + r_1)}$
	식 (1)에서 현재가치는 왼쪽부분은 오른쪽 항의 첫 번째 연도 0의 하첨자의 이윤에서 비용을 제외한 것과 두 번째 연도 1의 하첨자 부분의 이윤에서 비용을 제외한 것에 대한 두 번째 연도 1의 하첨자 부문의 할인율(discount rate)로 할인한 것의 합으로 나타난다.

금융이든 부동산(주택) 분야에 대한 투자이든 간에 있어서 중요한 것은 시장에 대한 신뢰의 형성과 합리적 기대가 가능한 시장을 만들어 나가고 효율적인 시장 체제로 가져가야 한다는 것이다.

이와 같은 금융자산과 부동산(주택) 분야에 있어서 중요한 것이 현재가치법을 활용한 미래가치의 현재화가 중요하다. 따라서 개인이든 기업의 투자에 있어서 미래가치가 높아져야 투자의 타당성을 갖게 되는 것이다.

$$\text{Present Value} = (\text{Profit}_0 - \text{Cost}_0) + \frac{(\text{Profit}_1 - \text{Cost}_1)}{(1+r_1)} \tag{1}$$

식 (1)에서 현재가치는 왼쪽부분은 오른쪽 항의 첫 번째 연도 0의 하첨자의 이윤에서 비용을 제외한 것과 두 번째 연도 1의 하첨자 부분의 이윤에서 비용을 제외한 것에 대한 두 번째 연도 1의 하첨자 부문의 할인율(discount rate)로 할인한 것의 합으로 나타난다.

여기서 할인율은 회사채유통수익률(3년만기, 무보증)의 AA- 또는 BBB+을 사용하기도 한다. 식 (1)의 값이 0보다 커야 투자의 타당성이 있으며, 국가 단위의 투자에서는 비용편익분석 방법으로 칭하기도 한다. 한편 0보다 큰 사업 중에서는 숫자가 클수록 우선순위의 투자에 대한 타당성을 갖는다고 볼 수도 있다.

그림 1-5 ▌유로지역 산업생산지수(계절변동조정)(2015=100 기준, 전월대비 차감 자료)

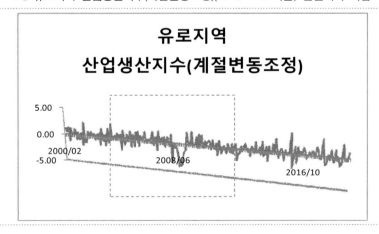

(그림 1-5)는 유로지역 산업생산지수(계절변동조정)(2015=100 기준, 전월대비 차감 자료)가 나타나 있다. 여기서 기간은 2000년 2월부터 2019년 5월까지이다. 자료는 한국은행에서 제공하는 경제통계시스템인 간편 검색을 통하여 구한 수치 이다.

이 기간 동안 2018년 1월 이후 2019년 5월까지의 평균 수치는 -0.11만큼 하락한 것으로 나타나 유로지역의 생산 활동의 상황을 나타내 주고 있다. 2019년 10월 초순의 상황으로 살펴볼 때 독일경제의 침체 가능성에 의하여 유로지역의 경제도 침체 가능성이 제기되고 있는 상황이다.

표 1-13 ┃ 미국경제의 초호황국면과 유로화 가치

	내용적인 요인
미국경제의 초호황국면과 유로화 가치	미국경제는 초호황국면을 지속하고 있는 가운데 유로지역은 경기침체를 우려하고 있는 것이다. 유로지역에 있어서는 양적완화와 관련된 정책 그리고 마이너스로 불리는 금리정책(negative interest policy) 등으로 인하여 미국의 국채에 비하여 투자의 선순환구조가 부족한 상황이기도 하다.
	유로화보다 화폐가치도 달러가 더 높아지는 상황이 발생하고 있다. 영국의 중앙은행의 경우에도 브렉시트의 불확실성으로 인하여 향후 통화정책을 완화기조로 더욱 가져갈 가능성이 있다고 시장전문가들은 판단하고 있다.

미국경제는 초호황국면을 지속하고 있는 가운데 유로지역은 경기침체를 우려 하고 있는 것이다. 유로지역에 있어서는 양적완화와 관련된 정책 그리고 마이너스 로 불리는 금리정책(negative interest policy) 등으로 인하여 미국의 국채에 비하여 투자의 선순환구조가 부족한 상황이기도 하다.

따라서 유로화보다 화폐가치도 달러가 더 높아지는 상황이 발생하고 있다. 영 국의 중앙은행의 경우에도 브렉시트의 불확실성으로 인하여 향후 통화정책을 완 화기조로 더욱 가져갈 가능성이 있다고 시장전문가들은 판단하고 있다.

표 1-14 ▌ 금리와 환율의 관계 및 무위험이자율의 평가설

	내용적인 요인
금리와 환율의 관계 및 무위험이자율의 평가설	금리와 환율의 관계는 반대적인 방향으로 이동할 수 있다. 이는 금리가 하락하면 수익측면에 있어서 금리가 하락한 국가보다 상대적으로 다른 국가에 투자하는 것이 유리하기 때문이다. 이는 금리를 하락시킨 국가의 화폐가치는 하락하고 다른 국가의 화폐가치는 상승하는 효과를 발휘한다는 것이다. 그래서 금리가 하락한 국가의 환율이 오르게 된다는 의미이기도 하다. 이는 무위험이자율의 평가설과 관련하여 설명할 수도 있다.

금리와 환율의 관계는 반대적인 방향으로 이동할 수 있다. 이는 금리가 하락하면 수익측면에 있어서 금리가 하락한 국가보다 상대적으로 다른 국가에 투자하는 것이 유리하기 때문이다. 이는 금리를 하락시킨 국가의 화폐가치는 하락하고 다른 국가의 화폐가치는 상승하는 효과를 발휘한다는 것이다. 그래서 금리가 하락한 국가의 환율이 오르게 된다는 의미이기도 하다. 이는 무위험이자율의 평가설과 관련하여 설명할 수도 있다.

표 1-15 ▌ 인터넷 기반의 전문은행시스템의 기술혁신

	내용적인 요인
인터넷 기반의 전문은행시스템의 기술혁신	금리는 은행의 수익성과도 매우 밀접한 관계를 갖는데, 유로지역의 몇몇 국가들에 있어서 앞에서도 언급한 인터넷 기반의 전문은행과 전통적인 은행영업 방식이 혼합되어 유지되고 있는 상황이다. 그리고 인터넷 기반의 전문은행시스템의 기술혁신에 따라 발전을 거듭하고 있으며, 국가적인 미시경제적인 또는 거시경제적인 측면과도 연계되어 발전하고 있는 양상이다.

금리는 은행의 수익성과도 매우 밀접한 관계를 갖는데, 유로지역의 몇몇 국가들에 있어서 앞에서도 언급한 인터넷 기반의 전문은행과 전통적인 은행영업 방식이 혼합되어 유지되고 있는 상황이다. 그리고 인터넷 기반의 전문은행시스템의 기술혁신에 따라 발전을 거듭하고 있으며, 국가적인 미시경제적인 또는 거시경제적인 측면과도 연계되어 발전하고 있는 양상이다.

한국의 경우에도 2019년 10월 초순 들어 앱서비스를 넘어 디지털의 공간창출과 관련된 서비스체계로 진화해 나가고 있는 상황이다. 이는 고객들이 이와 같은 서비스에 만족할 수 있도록 플랫폼을 만들어 공급하여 해당 은행의 앱서비스를 보다 더 이용하도록 하는 것과 관련되어 있다. 이는 생활서비스와 관련된 것으로 홍보채널과 특화상품과 관련하여 서비스를 제공해 주는 것이다.

한국의 경우 오픈뱅킹시스템을 통하여 앱서비스 하나에 의하여 은행계좌의 모든 자금에 대하여 이체 및 출금이 가능하도록 하는 방안이 시중에서 2019년 10월 초순부터 연구가 진행 중이다.

이와 같은 오픈뱅킹시스템은 제3자를 통하여 은행의 계좌를 비롯한 것들에 대하여 접근허용이 이루어지고 지급결제기능이 부여되는 공동의 결제시스템을 의미한다. 은행들의 금융결제와 관련한 네트워크를 핀테크와 관련된 기업들에게 제공해 주고 특정의 은행에 해당하는 앱서비스 하나에 의하여 전체 은행에 걸쳐 계좌조회 및 이체와 출금 등이 가능하도록 하는 것이다.

오픈뱅킹시스템의 경우 수수료가 기존의 금융결제 네트워크상에서 보다 낮은 수준을 기록할 것으로 보이는데, 출금이체의 수수료가 낮아질 수 있는 것이다. 이는 플랫폼에 있어서의 경쟁촉진과 디지털뱅킹시스템과 관련하여 시중의 은행과 핀테크 관련 기업들 간에 있어서 연계성의 강화가 이루어질 수 있을 것으로 판단된다.

오픈뱅킹시스템의 유의점으로는 시스템에 대한 보안 강화와 고객들의 자료에 관리강화, 금융범죄에 대한 예방 등이 있어야 한다. 따라서 시스템의 안정을 위하여 국가적으로 모니터링의 강화가 이루어지고 은행은 정보통신시스템과 관련된 운영위험을 최소화하도록 노력해 나가고 있다.

표 1-16 ▌ 오픈뱅킹시스템의 장점과 유의점

	내용적인 요인
오픈뱅킹시스템의 장점과 유의점	한국의 경우에도 2019년 10월 초순 들어 앱서비스를 넘어 디지털의 공간창출과 관련된 서비스체계로 진화해 나가고 있는 상황이다. 이는 고객들이 이와 같은 서비스에 만족할 수 있도록 플랫폼을 만들어 공급하여 해당 은행의 앱서비스를 보다 더 이용하도록 하는 것과 관련되어 있다. 이는 생활서비스와 관련된 것으로 홍보채널과 특화상품과 관련하여 서비스를 제공해 주는 것이다.
	한국의 경우 오픈뱅킹시스템을 통하여 앱서비스 하나에 의하여 은행계좌의 모든 자금에 대하여 이체 및 출금이 가능하도록 하는 방안이 시중에서 2019년 10월 초순부터 연구가 진행 중이다.
	오픈뱅킹시스템은 제3자를 통하여 은행의 계좌를 비롯한 것들에 대하여 접근허용이 이루어지고 지급결제기능이 부여되는 공동의 결제시스템을 의미한다. 은행들의 금융결제와 관련한 네트워크를 핀테크와 관련된 기업들에게 제공해 주고 특정의 은행에 해당하는 앱서비스 하나에 의하여 전체 은행에 걸쳐 계좌조회 및 이체와 출금 등이 가능하도록 하는 것이다.
	오픈뱅킹시스템의 경우 수수료가 기존의 금융결제 네트워크상에서 보다 낮은 수준을 기록할 것으로 보이는데, 출금이체의 수수료가 낮아질 수 있는 것이다. 이는 플랫폼에 있어서의 경쟁촉진과 디지털뱅킹시스템과 관련하여 시중의 은행과 핀테크관련 기업들 간에 있어서 연계성의 강화가 이루어질 수 있을 것으로 판단된다.
	오픈뱅킹시스템의 유의점으로는 시스템에 대한 보안 강화와 고객들의 자료에 관리강화, 금융범죄에 대한 예방 등이 있어야 한다. 따라서 시스템의 안정을 위하여 국가적으로 모니터링의 강화가 이루어지고 은행은 정보통신시스템과 관련된 운영위험을 최소화하도록 노력해 나가고 있다.

이와 같은 금융시스템의 발전과 안정은 실물시장에도 긍정적인 영향을 줄 수 있는데, 부동산(주택)의 경우 가치의 상승은 임대료 또는 전세 값의 인상으로 연결되기도 하고 국가 전체의 생산 및 소비 등에도 영향을 미치게 된다.

일반적으로 부동산(주택)시장에서 전세가의 경우 상승할 경우 잉여의 너웃돈을 통하여 매매가도 상승하는 것으로 알려져 있는데, 2019년 10월 초순 들어 서울지역 전세가율의 경우 주택의 매매가격에 비하여 높지는 않은 상황임을 알 수 있다.

이것은 단독주택을 비롯한 아파트의 가격 상승세가 전세가격 상승세보다 높아져서 발생하는 현상이다.

표 1-17 ▌ 부동산(주택)시장의 매매가격과 임대료 또는 전세 값의 관계

	내용적인 요인
부동산(주택)시장의 매매가격과 임대료 또는 전세 값의 관계	금융시스템의 발전과 안정은 실물시장에도 긍정적인 영향을 줄 수 있는데, 부동산(주택)의 경우 가치의 상승은 임대료 또는 전세 값의 인상으로 연결되기도 하고 국가 전체의 생산 및 소비 등에도 영향을 미치게 된다.
	일반적으로 부동산(주택)시장에서 전세가의 경우 상승할 경우 잉여의 여윳돈을 통하여 매매가도 상승하는 것으로 알려져 있는데, 2019년 10월 초순 들어 서울지역 전세가율의 경우 주택의 매매가격에 비하여 높지는 않은 상황임을 알 수 있다. 이것은 단독주택을 비롯한 아파트의 가격 상승세가 전세가격 상승세보다 높아져서 발생하는 현상이다.

금융시장이든 부동산(주택)시장이든 간에 있어서 투자를 둘러싼 환경이 매우 중요한 것으로 알려져 있다. 이는 금리정책과 거시경제변수의 움직임, 산업동향 및 기업의 활동상황 등을 비롯하여 대외적인 무역과 경상수지, 환율 등 모든 것들이 연관되어 있기 때문이기도 하다.

모든 투자들에 있어서는 정량적인 수치를 잘 해석하고 적용시키는 것이 중요하다. 여기서 제시되고 있는 평균 수치도 그러한 의미에서 단순히 최근의 움직임이 가장 중요한 변수이지만 시계열상으로 비슷한 환경을 찾아서 향후 어떠한 움직임과 다른 변수와의 관계 등을 고려해 볼 수 있기 때문에 중요한 지표가 될 수도 있다.

따라서 투자 안들에 따른 기대되는 수익률 분석이 매우 중요하며, 포트폴리오의 형성과 다른 거시경제변수들과의 관계성의 파악도 중요하다는 것이다. 이는 채권과 주식, 선물 및 옵션거래의 전 과정에 있어서 동일한 것이다.

그리고 투자자들은 개인적인 성향이 위험 회피적인지 혹은 위험 중립적인지, 위험 선호적인지 파악하는 것이 중요하며, 개인투자자들은 거의 대부분 위험 회피적인 성향을 가지고 있는 것으로 분석되어 있기도 하다.

표 1-18 ▌ 금융시장과 부동산(주택)시장의 포트폴리오와 투자 성향

	내용적인 요인
금융시장과 부동산(주택)시장의 포트폴리오와 투자 성향	금융시장이든 부동산(주택)시장이든 간에 있어서 투자를 둘러싼 환경이 매우 중요한 것으로 알려져 있다. 이는 금리정책과 거시경제변수의 움직임, 산업동향 및 기업의 활동상황 등을 비롯하여 대외적인 무역과 경상수지, 환율 등 모든 것들이 연관되어 있기 때문이기도 하다.
	모든 투자자들에 있어서는 정량적인 수치를 잘 해석하고 적용시키는 것이 중요하다. 여기서 제시되고 있는 평균 수치도 그러한 의미에서 단순히 최근의 움직임이 가장 중요한 변수이지만 시계열상으로 비슷한 환경을 찾아서 향후 어떠한 움직임과 다른 변수와의 관계 등을 고려해 볼 수 있기 때문에 중요한 지표가 될 수도 있다.
	투자 안들에 따른 기대되는 수익률 분석이 매우 중요하며, 포트폴리오의 형성과 다른 거시경제변수들과의 관계성의 파악도 중요하다는 것이다. 이는 채권과 주식, 선물 및 옵션거래의 전 과정에 있어서 동일한 것이다.

한국에 많은 영향을 미치고 있는 중국의 경우 경기의 둔화세를 예방하기 위하여 미국을 비롯한 다른 국가들과 같이 완화적인 통화정책을 취할 것으로 알려져 있다. 이와 함께 투자자들의 세계적인 추세도 위험에 관련하여 회피적인 성향의 강화현상이 발생하고 있는 것으로 알려지고 있다.

일반적으로 금리와 채권가격의 관계는 반대로 알려져 있는데, 경기의 침체시기에 있어서는 금리의 하락이 부채가 많은 사람들에 대한 부담감을 줄여줄 수 있는 것으로 판단된다. 2019년 10월 초순 들어 미국과 중국의 무역협상에 있어서 긍정적인 기대감이 형성되면서 채권금리의 상승으로 채권가격이 하락한 양상도 나타나고 있다.

표 1-19 ▮ 중국의 경우 통화정책과 미국과 중국의 무역협상 및 채권가격 형성

	내용적인 요인
중국의 경우 통화정책과 미국과 중국의 무역협상 및 채권가격 형성	한국에 많은 영향을 미치고 있는 중국의 경우 경기의 둔화세를 예방하기 위하여 미국을 비롯한 다른 국가들과 같이 완화적인 통화정책을 취할 것으로 알려져 있다. 이와 함께 투자자들의 세계적인 추세도 위험에 관련하여 회피적인 성향의 강화현상이 발생하고 있는 것으로 알려지고 있다.
	일반적으로 금리와 채권가격의 관계는 반대로 알려져 있는데, 경기의 침체시기에 있어서는 금리의 하락이 부채가 많은 사람들에 대한 부담감을 줄여줄 수 있는 것으로 판단된다. 2019년 10월 초순 들어 미국과 중국의 무역협상에 있어서 긍정적인 기대감이 형성되면서 채권금리의 상승으로 채권가격이 하락한 양상도 나타나고 있다.

이와 같이 실제로 금리와 채권가격은 정반대 현상인데, 채권의 경우 안전자산에 대한 선호현상이 뚜렷해질 때 투자가 이루어지는 것이다. 이는 향후 미국의 금리인하 정책에 대한 불확실성의 증가도 더해진 측면도 있다.

표 1-20 ▮ 금리와 채권가격의 관계와 안전자산

	내용적인 요인
금리와 채권가격의 관계와 안전자산	금리와 채권가격은 정반대 현상인데, 채권의 경우 안전자산에 대한 선호현상이 뚜렷해질 때 투자가 이루어지는 것이다. 이는 향후 미국의 금리인하 정책에 대한 불확실성의 증가도 더해진 측면도 있다.

2019년 10월 초순 들어 국내 소비의 진작과 총수요의 증가가 필요한 것으로 일부 시장 전문가들은 지적하고 있고, 다른 전문가들은 경제상황이 좋은 흐름을 이어가고 있다고 의견을 내놓고 있는 상황이다. 이는 농산물의 가격안정과 국제의 유가안정과 관련하여 주장하고 있는 것이다.

일본의 경우 장기불황에 직면하기도 하였는데 이러한 측면이 대두되지 않도록 주의를 기울여야 한다는 지적도 시장에서 나오고 있기도 하다. 미국 신용평가회사의 경우 한국경제에 대하여 한국의 경제주체들의 경기에 대한 전망에서 투자확대로 이어져서 수출증가와 지출의 증가세로 이어지는 것이 바람직한 정책으로 의견을 내놓고 있다.

이는 소비자들의 심리개선과 총수요의 개선이 한국경제에 향후 도움이 된다는 원론적인 측면이기도 하다. 물가와 금리의 관계에서 물가의 하락추세는 실질금리의 상승세로 연결될 수도 있는데, 이는 채무를 많이 가지고 있는 경제주체들에게 부담요인으로 작용하여 소비세가 더욱 위축될 것을 우려하고 있기도 하다.

이는 결국 금융자산이든 부동산(주택)에 대한 매도로 이어지고 물가하락의 속도는 더욱 커질 수 있다는 우려도 있기도 하다. 이는 저출산에 따른 인구의 고령화 추세에 도움이 될 수 있는 개인연금에 대한 관심도도 낮아질 수 있는 우려감이 상존하고 있기도 하다. 노후의 생활안정과 관련되어 있기 때문이다. 시장에서는 이에 따라 수익률의 제고와 세제혜택과 같은 방안이 필요할 것으로 주장하고 있기도 한 상황이다. 또한 퇴직연금의 경우에도 수수료의 인하와 같은 방안이 향후 취해질 수 있을지 살펴볼 필요가 있다는 지적도 있는 현실이기도 하다.

표 1-21 ▌ 물가수준과 개인연금 및 퇴직연금

	내용적인 요인
물가수준과 개인연금 및 퇴직연금	2019년 10월 초순 들어 국내 소비의 진작과 총수요의 증가가 필요한 것으로 일부 시장 전문가들은 지적하고 있고, 다른 전문가들은 경제상황이 좋은 흐름을 이어가고 있다고 의견을 내놓고 있는 상황이다. 이는 농산물의 가격안정과 국제의 유가안정과 관련하여 주장하고 있는 것이다.
	일본의 경우 장기불황에 직면하기도 하였는데 이러한 측면이 대두되지 않도록 주의를 기울여야 한다는 지적도 시장에서 나오고 있기도 하다. 미국 신용평가회사의 경우 한국경제에 대하여 한국의 경제주체들의 경기에 대한 전망에서 투자확대로 이어져서 수출증가와 지출의 증가세로 이어지는 것이 바람직한 정책으로 의견을 내놓고 있다.
	소비자들의 심리개선과 총수요의 개선이 한국경제에 향후 도움이 된다는 원론적인 측면이기도 하다. 물가와 금리의 관계에서 물가의 하락추세는 실질금리의 상승세로 연결될 수도 있는데, 이는 채무를 많이 가지고 있는 경제주체들에게 부담요인으로 작용하여 소비세가 더욱 위축될 것을 우려하고 있기도 하다.

결국 금융자산이든 부동산(주택)에 대한 매도로 이어지고 물가하락의 속도는 더욱 커질 수 있다는 우려도 있기도 하다. 이는 저출산에 따른 인구의 고령화 추세에 도움이 될 수 있는 개인연금에 대한 관심도도 낮아질 수 있는 우려감이 상존하고 있기도 하다. 노후의 생활안정과 관련되어 있기 때문이다. 시장에서는 이에 따라 수익률의 제고와 세제혜택과 같은 방안이 필요할 것으로 주장하고 있기도 한 상황이다. 또한 퇴직연금의 경우에도 수수료의 인하와 같은 방안이 향후 취해질 수 있을지 살펴볼 필요가 있다는 지적도 있는 현실이기도 하다.

2019년 10월 초순 들어 미국의 금리정책의 경우 미국의 고용지표와 제조업의 지표들을 감안할 경우 인하에 무게가 실린다는 것이 시장에서의 평가이다. 하지만 미국의 고용지표와 제조업의 지표 등을 종합한 미국경제가 2020년에도 양호한 상황으로 기대되어서 미국의 금리인하가 단행이 되어도 미국 경제에 대한 영향은 크지 않을 것으로도 예상되고 있기도 한 상황이다.

표 1-22 ▌ 미국경제와 미국의 금리정책의 관계

	내용적인 요인
미국경제와 미국의 금리정책의 관계	2019년 10월 초순 들어 미국의 금리정책의 경우 미국의 고용지표와 제조업의 지표들을 감안할 경우 인하에 무게가 실린다는 것이 시장에서의 평가이다. 하지만 미국의 고용지표와 제조업의 지표 등을 종합한 미국경제가 2020년에도 양호한 상황으로 기대되어서 미국의 금리인하가 단행이 되어도 미국 경제에 대한 영향은 크지 않을 것으로도 예상되고 있기도 한 상황이다.

(그림 1 − 6)에는 독일 산업생산지수(계절변동조정)(2015 = 100 기준, 전월대비 차감자료)가 나타나 있다. 여기서 기간은 2000년 2월부터 2019년 6월까지이다. 자료는 한국은행에서 제공하는 경제통계시스템인 간편 검색을 통하여 구한 수치이다.

이 기간 동안 2018년 1월 이후 2019년 6월까지의 평균 수치는 −0.38만큼 하락한 것으로 나타나 독일의 생산 활동의 상황을 나타내 주고 있다. 2019년 10월 초순 들어 독일의 경우 정부적인 차원에서 독일경제가 위축될 시에 재정정책(fiscal policy)을 통하여 위기를 극복해 나갈 것이라고 시장에서는 판단하고 있다.

그림 1-6 ▌독일 산업생산지수(계절변동조정)(2015=100 기준, 전월대비 차감 자료)

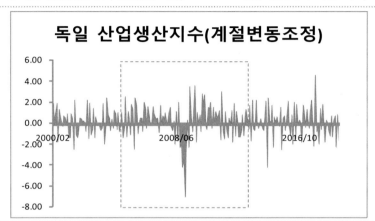

독일의 경우 재정건전성을 유지하고 있는 것으로 독일정부는 판단하고 있기도 하다. 현재 시장에서는 한국의 경우에 있어서 재정건전성과 관련하여 2020년 국가의 채무비율이 다소 높아질 수는 있지만 재정건전성은 잘 유지될 것으로 판단하고 있다.

일부 시장전문가들은 한국에 있어서 국가의 채무비율이 급증하지는 않아야 한다고 주장하고 있기도 하다. 이는 노인에 대한 부양률이 저출산에 따른 고령화의 현상으로 인하여 급속도로 진행될 것을 우려하는 측면이다.

그림 1-7 ┃ 대만 산업생산지수(계절변동조정)(2016=100 기준, 전월대비 차감 자료)

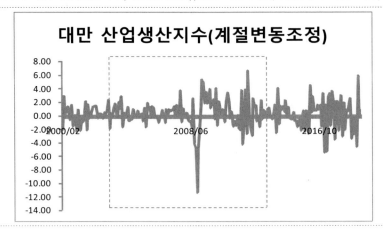

(그림 1-7)에는 대만 산업생산지수(계절변동조정)(2016=100 기준, 전월대비 차감 자료)가 나타나 있다. 여기서 기간은 2000년 2월부터 2019년 6월까지이다. 자료는 한국은행에서 제공하는 경제통계시스템인 간편 검색을 통하여 구한 수치이다. 이 기간 동안 2018년 1월 이후 2019년 6월까지의 평균 수치는 -0.09만큼 하락한 것으로 나타나 대만의 생산 활동의 상황을 나타내 주고 있다.

(그림 1-8)에는 한국 소비자물가지수(2015=100 기준, 전월대비 차감 자료)가 나타나 있다. 여기서 기간은 1965년 2월부터 2019년 8월까지이다. 자료는 한국은행에서 제공하는 경제통계시스템인 간편 검색을 통하여 구한 수치이다. 이 기간 동안 2018년 1월 이후 2019년 8월까지의 평균 수치는 0.09만큼 상승한 것으로 나타났다.

그림 1-8 ▍한국 소비자물가지수(2015=100 기준, 전월대비 차감 자료)

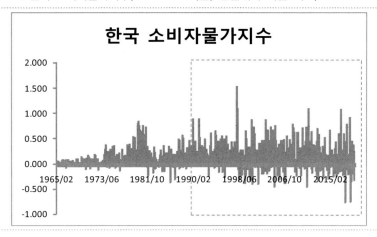

한국의 경우 2019년 10월 초순 들어 체감적인 물가는 오르고 있는 것으로 알려져 있다. 부동산(주택)의 경우에 있어서는 자산가치의 상승현상이 일어나고 있는 상황이다. 이는 미국을 중심으로 하는 저금리 기조에서 풍부한 유동성을 기초로 하여 안전자산에 대한 선호현상이 이루어지고 있기 때문으로 판단된다.

또한 생활필수품으로 분류되는 제품의 경우에 있어서는 소비가 줄어들지 않는 현상도 발생하고 있다. 한편 자동차를 비롯한 제품들에 있어서는 고객들의 충성도 측면에서 높은데 생활필수품과는 다른 양상으로 가격의 상승에서 반응하기도 한다.

여기에는 쉬링크플레이션이라고 불리는 현상도 관련되어 있을 수 있다는 것이 시장관계자들의 판단이다. 즉 쉬링크플레이션은 중량과 크기를 줄이고 가격의 경우 동일한 형태로 진행되는 것을 의미하는데, 실제적인 가격상승과 같은 효과가 있을 수 있는 마케팅과 관련된 것이라는 측면이다. 이는 식품회사들의 경우 제품 중량의 감소를 하고 원재료를 바꾸지 않는 전략과 관련된 것이다.

1. 인터넷을 기반으로 하는 전문은행의 장점에 대하여 설명하시오.

정답

	내용적인 요인
인터넷을 기반으로 하는 전문은행의 장점	투자자들이 벌어들인 소득은 저축과 소비로 직결이 된다. 즉 소득 중에서 소비하고 남은 나머지는 저축으로 인하여 향후 필요할 때 사용하려는 목적과 부의 축적의 수단 등으로 활용될 수 있는 것이다.
	이와 같은 저축으로 인한 부의 축적은 예금의 경우 금리하락으로 인하여 단순한 정기예금 이외에도 신탁상품 등 다양한 상품들이 소개되고 투자가 이루어지고 있다. 이와 같은 은행을 이용한 저축과 같은 투자는 이제는 오프라인 이외에도 온라인으로 취급 및 거래가 이루어지게 되는 인터넷은행과 같은 인터넷에 의한 전문은행도 이루어지고 있는 상황이다.
	이와 같은 은행업은 결제수단에 있어서 소비자들에게 편리성을 제공하여 주는 방향으로 발달하여 왔는데 최근 인터넷에 의하여 더욱 편리성을 도모할 수 있는 시스템이 있는지와 관련하여 진행되고 있는 것이다.
	이는 주로 비용 감소효과가 있는지와 고객들에 대한 편리성, 고객들에 대한 수익성 제고가 가능한지와 관련된 것이다. 전통적인 은행 업무에 있어서 인터넷을 기반으로 하는 전문은행의 경우 수익성을 갖춘 모형으로 전개되어 나갈 수 있다. 이는 비용의 절감에 따른 이익의 증대 방향과 관련된 것이다.

2. 금융자산과 부동산(주택)자산에 대한 포트폴리오에 대하여 설명하시오.

정답

	내용적인 요인
금융자산과 부동산(주택)자산에 대한 포트폴리오	금융자산과 다른 한편으로 부동산(주택) 시장의 동향이 주목을 받고 있다. 이는 투자의 두 축 중에 하나인 건설투자와 관련되어 있기도 한데, 금융자산과 부동산자산의 투자가 대체재인가?에 대하여

는 많은 연구가 필요한 것으로 판단된다.

부동산(주택) 시장에서 투자가 합리적으로 이루어지고 있는지 또는 이익창출과 관련하여 효율적인 시장인지 그리고 경제적인 가치가 있는지 등과 관련하여 많은 연구들이 있어온 것도 현실이다.

투자를 함에 있어서 금융자산에 어느 정도 투자를 하고 부동산(주택)에 대한 실물자산 투자를 어느 정도를 할지와 관련하여서 개인들은 비율을 정해야 하는 상황에 놓이기도 한다.

금융자산 내에서도 채권과 주식의 비율이라든지 개인의 투자성향과 같은 점검해야 할 중요한 요인들이 있다. 따라서 전체적인 포트폴리오와 함께 투자에 대한 의사결정에 있어서 개인들의 투자성향까지 고려된 투자가 현실적으로는 이루어지게 되는 것이다.

3. 미국의 금리정책과 경제적인 긴급한 변화에 대한 대처사항에 대하여 설명하시오.

정답

	내용적인 요인
미국의 금리정책과 경제적인 긴급한 변화에 대한 대처사항	투자를 단행하는 것과 관련하여서는 미국의 2008년과 2009년의 금융위기와 같은 상황이 발생할 경우에 대한 개인투자자들의 대처와 시장 상황에 대한 판단도 중요하고 현재 진행 중에 있는 미국을 중심으로 하는 금리정책도 가장 중요한 요소 중에 하나임이 분명한 것도 고려해 나가야 한다.

4. 인터넷관련 전문은행의 발전에서 정보통신기술과 연구관련 투자의 증대에 대하여 설명하시오.

정답

	내용적인 요인
인터넷관련 전문은행의 발전 : 정보통신기술과 연구관련 투자의 증대	인터넷관련 전문은행의 발전은 이들 산업에 대한 투자와 이를 통한 기술적인 발전과 관련되어 있다. 이는 주로 정보통신기술과 관련된 것으로 정보통신기술의 발전을 토대로 경제성과 관련된 비용절감효과를 가져올 수 있다는 장점을 지니고 있는데, 이와 같은 새로운 정보통신기술에 대한 개발과 연구관련 투자의 증대 등이 필요한 사항으로 판단된다.

5. 부동산(주택)의 미래가치 형성에서 국가 및 지방자치 단위에 있어서의 계획에 대하여 설명하시오.

정답

	내용적인 요인
부동산(주택)의 미래가치의 형성 : 국가에서의 계획과 지방자치 단위에 있어서의 계획	금융자산과 달리 실물자산에 있어서의 개인투자자들의 투자는 역세권과 같은 교통적인 요인과 정부의 정책 방향이 무엇보다 중요하다. 그리고 부동산(주택)의 미래가치의 형성에 대한 올바른 개인투자자들의 인식 또한 무엇보다 중요한 것이다.
	국가에서의 계획과 지방자치 단위에 있어서의 계획 등이 중요하다는 것이다. 또한 경제적인 현재의 위치도 중요한데 이와 관련하여 하나의 국가에서의 생산과 소비, 수출 수준 그리고 물가 등 거시경제적인 변수들의 움직임과 경기변동과 같은 요소도 이들 부동산(주택) 가격에 심리적이든 미래가치와 관련하여 중요한 요소가 되는 것이다.

6. 인터넷관련 전문은행이 발전과 전문적인 지식의 습득과정에 대하여 설명하시오.

정답

	내용적인 요인
인터넷관련 전문은행이 발전과 전문적인 지식의 습득과정	전자적인 플랫폼을 통하여 인터넷관련 전문은행이 발전을 해 나가고 있는데, 이와 같은 인터넷관련 전문은행의 차원 높은 발전을 위해서는 재무와 관리의 전문가를 포함하여 기업가들까지 포함된 새로운 전문적인 지식습득이 병행되고 있다.

7. 효율적인 시장과 신고전학파의 이론에 대하여 설명하시오.

정답

	내용적인 요인
효율적인 시장과 신고전학파의 이론	완전경쟁시장을 통한 효율적인 시장이 전제되어야 금융시장과 실물시장이 발전을 해 나갈 수가 있다. 이는 1980년대 이전부터 연구가 되고 이론적인 토대가 구축되기 시작하였다. 이는 신고전학파적인 이론 토대가 중요한 밑받침이 되었는데, 통화량이 증가하거나 감소하는 것이 실질적인 변수들에 있어서 작동을 하지 않고 단지 명목적인 변수들에만 영향이 있을 수 있다는 견해가 있어왔다.

이와 같은 토대가 구축될 수 있었던 것은 국가 전체적인 공급곡선 (aggregated supply curve)이 수직선과 같은 형태로 될 수 있다는 가설 때문이다. 이는 임금수준이 신축적으로 조정이 가능하고 완전고용의 달성이 가능하다는 전제가 있기 때문이다.

통화량이 늘어나도 국가 전체적인 공급곡선이 수직선과 같은 형태이기 때문에 국가 전체적인 수요증가가 물가의 상승요인으로만 작용한다고 본 것이다. 또한 화폐의 환상현상이 없다는 것을 전제로 하는데, 이는 임금수준의 상승과 물가수준의 상승이 동일한 경우 실질임금 자체는 변화가 없지만 노동자들이 생활형편이 개선되었다는 환상적인 현상이 발생하지 않는다는 것을 의미한다.

신고전학파적인 이론에서는 이와 같은 국가적인 경제상황이 이루어질 때 효율적인 시장이 이루어져서 금융시장과 실물시장이 발전을 해 나갈 수 있는 토대가 만들어진다고 판단되어지고 연구되어 온 것이다.

8. 신고전학파에서 비전통적인 방식의 중앙은행 통화 공급과 정보의 비대칭성에 대하여 설명하시오.

정답

	내용적인 요인
신고전학파 : 비전통적인 방식의 중앙은행 통화 공급과 정보의 비대칭성	신고전학파적인 연구에서는 화폐에 대하여 전통적인 통화정책이 아닌 비전통적인 방식으로 중앙은행(central bank)에 의하여 경기부양관련 새로운 보조금과 같은 현상의 돈(money) 공급이 개개인들에게 의도하지 않게 이루어지면 소비의 증가로 인하여 금리인하의 경우보다 더욱 경기부양에 효과가 있을 수 있다고 주장해 오기도 하였다. 이는 전통적인 통화정책이 아닌 만큼 신중하게 접근할 수밖에 없는 것이며, 동시에 정보의 비대칭성으로 인하여 효과가 가능할 수도 있다는 측면이기도 하다.

9. 금융시장과 경제의 성장에 있어서의 상호 긍정적인 관계성에 대하여 설명하시오.

정답

	내용적인 요인
금융시장과 경제의 성장에 있어서의 상호 긍정적인 관계성	금융시장의 경우 경제의 성장부문에 있어서 긍정적인 영향을 주고 있다. 이는 금리의 인하와 같은 정책이 기업들에게 있어서 자금조달을 편리하게 도모해 주고 이는 생산자금을 통하여 생산 및 판매 등에 있어서 긍정적인 영향을 나타내기 때문이다.

경제가 금융시장에 긍정적인 영향을 나타내 주는가? 이에 대한 것
도 역시 경제의 안정이 결국 금융시장의 발달에 긍정적인 영향을
주게 되어 금융시장의 선진화를 위해서는 역시 경제의 안정적인 성
장이 도움이 될 수밖에 없는 것이다.

10. 인터넷 기반의 전문은행과 전통적인 은행방식이 혼합된 형태의 은행체제에 대하여 설명하시오.

정답

	내용적인 요인
인터넷 기반의 전문은행과 전통적인 은행방식이 혼합된 형태의 은행체제	금융시장에서 4차 산업혁명과 관련되어 있는 인터넷 기반의 전문은 행의 경우 비용절감의 긍정적인 효과 이외에 전통적인 오프라인 방식의 은행보다 수익성 제고가 현실적으로 나타났는지 잘 살펴보아야 하는 시점이다. 이에 대하여 인터넷 기반의 전문은행과 전통적인 은행방식이 혼합된 형태의 은행체제가 있기도 한 상황이다.

11. 부동산(주택)에서 제도적인 또는 법적인 측면의 중요성과 수요와 공급의 법칙에 대하여 설명하시오.

정답

	내용적인 요인
부동산(주택)에 있어서 제도적인 또는 법적인 측면의 중요성과 수요와 공급의 법칙	금융업 이외의 실물적인 투자와 관련된 부동산(주택)의 경우에는 제도적인 측면에 있어서 많은 영향을 받고 있다. 부동산(주택) 투자와 관련하여 각종 제도적인 또는 법적인 안정장치가 마련되어 있거나 마련되고 있다.
	부동산(주택) 관련하여 경기변동은 건설투자와 연결되어 있어서 신중히 접근하기도 한다. 2019년 10월 초순 들어 특정지역의 경우 전문가들은 부동산(주택)의 가격과 경기변동과 관련하여 수요와 공급의 상황에 대한 연구와 도시개발과 같은 프로젝트, 금리인하에 대한 환경적인 측면 등이 밀접하게 전개될 수 있음을 지적하고 있기도 한 상황이다. 부동산(주택)과 관련된 금융적인 측면에서 주택담보의 가치에 대한 대출의 비율인 LTV가 있기도 하다.

12. 시장에 있어서의 효율성과 미래가치의 현재가치화를 통한 투자의 타당성 분석에 대하여 설명하시오.

정답

	내용적인 요인
시장에 있어서의 효율성과 미래가치의 현재가치화를 통한 투자의 타당성 분석	금융이든 부동산(주택) 분야에 대한 투자이든 간에 있어서 중요한 것은 시장에 대한 신뢰의 형성과 합리적 기대가 가능한 시장을 만들어 나가고 효율적인 시장체제로 가져가야 한다는 것이다.
	금융자산과 부동산(주택) 분야에 있어서 중요한 것이 현재가치법을 활용한 미래가치의 현재화가 중요하다. 따라서 개인이든 기업의 투자에 있어서 미래가치가 높아져야 투자의 타당성을 갖게 되는 것이다. $$\text{Present Value} = (\text{Profit}_0 - \text{Cost}_0) + \frac{(\text{Profit}_1 - \text{Cost}_1)}{(1+r_1)}$$
	식 (1)에서 현재가치는 왼쪽부분은 오른쪽 항의 첫 번째 연도 0의 하첨자의 이윤에서 비용을 제외한 것과 두 번째 연도 1의 하첨자 부분의 이윤에서 비용을 제외한 것에 대한 두 번째 연도 1의 하첨자 부문의 할인율(discount rate)로 할인한 것의 합으로 나타난다.
	할인율은 회사채유통수익률(3년만기, 무보증)의 AA- 또는 BBB+을 사용하기도 한다. 식 (1)의 값이 0보다 커야 투자의 타당성이 있으며, 국가 단위의 투자에서는 비용편익분석 방법으로 칭하기도 한다. 한편 0보다 큰 사업 중에서는 숫자가 클수록 우선순위의 투자에 대한 타당성을 갖는다고 볼 수도 있다.

13. 미국경제의 초호황국면과 유로화 가치에 대하여 설명하시오.

정답

	내용적인 요인
미국경제의 초호황국면과 유로화 가치	미국경제는 초호황국면을 지속하고 있는 가운데 유로지역은 경기침체를 우려하고 있는 것이다. 유로지역에 있어서는 양적완화와 관련된 정책 그리고 마이너스로 불리는 금리정책(negative interest policy) 등으로 인하여 미국의 국채에 비하여 투자의 선순환구조가 부족한 상황이기도 하다.
	유로화보다 화폐가치도 달러가 더 높아지는 상황이 발생하고 있다. 영국의 중앙은행의 경우에도 브렉시트의 불확실성으로 인하여 향후 통화정책을 완화기조로 더욱 가져갈 가능성이 있다고 시장전문가들은 판단하고 있다.

14. 금리와 환율의 관계 및 무위험이자율의 평가설에 대하여 설명하시오.

정답

	내용적인 요인
금리와 환율의 관계 및 무위험이자율의 평가설	금리와 환율의 관계는 반대적인 방향으로 이동할 수 있다. 이는 금리가 하락하면 수익측면에 있어서 금리가 하락한 국가보다 상대적으로 다른 국가에 투자하는 것이 유리하기 때문이다. 이는 금리를 하락시킨 국가의 화폐가치는 하락하고 다른 국가의 화폐가치는 상승하는 효과를 발휘한다는 것이다. 그래서 금리가 하락한 국가의 환율이 오르게 된다는 의미이기도 하다. 이는 무위험이자율의 평가설과 관련하여 설명할 수도 있다.

15. 인터넷 기반의 전문은행시스템의 기술혁신에 대하여 설명하시오.

정답

	내용적인 요인
인터넷 기반의 전문은행시스템의 기술혁신	금리는 은행의 수익성과도 매우 밀접한 관계를 갖는데, 유로지역의 몇몇 국가들에 있어서 앞에서도 언급한 인터넷 기반의 전문은행과 전통적인 은행영업 방식이 혼합되어 유지되고 있는 상황이다. 그리고 인터넷 기반의 전문은행시스템의 기술혁신에 따라 발전을 거듭하고 있으며, 국가적인 미시경제적인 또는 거시경제적인 측면과도 연계되어 발전하고 있는 양상이다.

16. 오픈뱅킹시스템의 장점과 유의점에 대하여 설명하시오.

정답

	내용적인 요인
오픈뱅킹시스템의 장점과 유의점	한국의 경우에도 2019년 10월 초순 들어 앱서비스를 넘어 디지털의 공간창출과 관련된 서비스체계로 진화해 나가고 있는 상황이다. 이는 고객들이 이와 같은 서비스에 만족할 수 있도록 플랫폼을 만들어 공급하여 해당 은행의 앱서비스를 보다 더 이용하도록 하는 것과 관련되어 있다. 이는 생활서비스와 관련된 것으로 홍보채널과 특화상품과 관련하여 서비스를 제공해 주는 것이다.
	한국의 경우 오픈뱅킹시스템을 통하여 앱서비스 하나에 의하여 은행계좌의 모든 자금에 대하여 이체 및 출금이 가능하도록 하는 방안이 시중에서 2019년 10월 초순부터 연구가 진행 중이다.

오픈뱅킹시스템은 제3자를 통하여 은행의 계좌를 비롯한 것들에 대하여 접근허용이 이루어지고 지급결제기능이 부여되는 공동의 결제시스템을 의미한다. 은행들의 금융결제와 관련한 네트워크를 핀테크와 관련된 기업들에게 제공해 주고 특정의 은행에 해당하는 앱서비스 하나에 의하여 전체 은행에 걸쳐 계좌조회 및 이체와 출금 등이 가능하도록 하는 것이다.

오픈뱅킹시스템의 경우 수수료가 기존의 금융결제 네트워크상에서 보다 낮은 수준을 기록할 것으로 보이는데, 출금이체의 수수료가 낮아질 수 있는 것이다. 이는 플랫폼에 있어서의 경쟁촉진과 디지털뱅킹시스템과 관련하여 시중의 은행과 핀테크관련 기업들 간에 있어서 연계성의 강화가 이루어질 수 있을 것으로 판단된다.

오픈뱅킹시스템의 유의점으로는 시스템에 대한 보안 강화와 고객들의 자료에 관리강화, 금융범죄에 대한 예방 등이 있어야 한다. 따라서 시스템의 안정을 위하여 국가적으로 모니터링의 강화가 이루어지고 은행은 정보통신시스템과 관련된 운영위험을 최소화하도록 노력해 나가고 있다.

17. 부동산(주택)시장의 매매가격과 임대료 또는 전세 값의 관계에 대하여 설명하시오.

정답

	내용적인 요인
부동산(주택)시장의 매매가격과 임대료 또는 전세 값의 관계	금융시스템의 발전과 안정은 실물시장에도 긍정적인 영향을 줄 수 있는데, 부동산(주택)의 경우 가치의 상승은 임대료 또는 전세 값의 인상으로 연결되기도 하고 국가 전체의 생산 및 소비 등에도 영향을 미치게 된다.
	일반적으로 부동산(주택)시장에서 전세가의 경우 상승할 경우 잉여의 여유 돈을 통하여 매매가도 상승하는 것으로 알려져 있는데, 2019년 10월 초순 들어 서울지역 전세가율의 경우 주택의 매매가격에 비하여 높지는 않은 상황임을 알 수 있다. 이것은 단독주택을 비롯한 아파트의 가격 상승세가 전세가격 상승세보다 높아져서 발생하는 현상이다.

18. 금융시장과 부동산(주택)시장의 포트폴리오와 투자 성향에 대하여 설명하시오.

정답

	내용적인 요인
금융시장과 부동산(주택)시장의 포트폴리오와 투자 성향	금융시장이든 부동산(주택)시장이든 간에 있어서 투자를 둘러싼 환경이 매우 중요한 것으로 알려져 있다. 이는 금리정책과 거시경제변수의 움직임, 산업동향 및 기업의 활동상황 등을 비롯하여 대외적인 무역과 경상수지, 환율 등 모든 것들이 연관되어 있기 때문이기도 하다.
	모든 투자들에 있어서는 정량적인 수치를 잘 해석하고 적용시키는 것이 중요하다. 여기서 제시되고 있는 평균 수치도 그러한 의미에서 단순히 최근의 움직임이 가장 중요한 변수이지만 시계열상으로 비슷한 환경을 찾아서 향후 어떠한 움직임과 다른 변수와의 관계 등을 고려해 볼 수 있기 때문에 중요한 지표가 될 수도 있다.
	투자안들에 따른 기대되는 수익률 분석이 매우 중요하며, 포트폴리오의 형성과 다른 거시경제변수들과의 관계성의 파악도 중요하다는 것이다. 이는 채권과 주식, 선물 및 옵션거래의 전 과정에 있어서 동일한 것이다.
	투자자들은 개인적인 성향이 위험 회피적인지 혹은 위험 중립적인지, 위험 선호적인지 파악하는 것이 중요하며, 개인투자자들은 거의 대부분 위험 회피적인 성향을 가지고 있는 것으로 분석되어져 있기도 하다.

19. 중국의 경우 통화정책과 미국과 중국의 무역협상 및 채권가격 형성에 대하여 설명하시오.

정답

	내용적인 요인
중국의 경우 통화정책과 미국과 중국의 무역협상 및 채권가격 형성	한국에 많은 영향을 미치고 있는 중국의 경우 경기의 둔화세를 예방하기 위하여 미국을 비롯한 다른 국가들과 같이 완화적인 통화정책을 취할 것으로 알려져 있다. 이와 함께 투자자들의 세계적인 추세도 위험에 관련하여 회피적인 성향의 강화현상이 발생하고 있는 것으로 알려지고 있다.
	일반적으로 금리와 채권가격의 관계는 반대로 알려져 있는데, 경기의 침체시기에 있어서는 금리의 하락이 부채가 많은 사람들에 대한 부담감을 줄여줄 수 있는 것으로 판단된다. 2019년 10월 초순 들어 미국과 중국의 무역협상에 있어서 긍정적인 기대감이 형성되면서 채권금리의 상승으로 채권가격이 하락한 양상도 나타나고 있다.

20. 금리와 채권가격의 관계와 안전자산에 대하여 설명하시오.

정답

	내용적인 요인
금리와 채권가격의 관계와 안전자산	금리와 채권가격은 정반대 현상인데, 채권의 경우 안전자산에 대한 선호현상이 뚜렷해질 때 투자가 이루어지는 것이다. 이는 향후 미국의 금리인하 정책에 대한 불확실성의 증가도 더해진 측면도 있다.

21. 물가수준과 개인연금 및 퇴직연금에 대하여 설명하시오.

정답

	내용적인 요인
물가수준과 개인연금 및 퇴직연금	2019년 10월 초순 들어 국내 소비의 진작과 총수요의 증가가 필요한 것으로 일부 시장 전문가들은 지적하고 있고, 다른 전문가들은 경제상황이 좋은 흐름을 이어가고 있다고 의견을 내놓고 있는 상황이다. 이는 농산물의 가격안정과 국제의 유가안정과 관련하여 주장하고 있는 것이다.
	일본의 경우 장기불황에 직면하기도 하였는데 이러한 측면이 대두되지 않도록 주의를 기울여야 한다는 지적도 시장에서 나오고 있기도 하다. 미국 신용평가회사의 경우 한국경제에 대하여 한국의 경제주체들의 경기에 대한 전망에서 투자확대로 이어져서 수출증가와 지출의 증가세로 이어지는 것이 바람직한 정책으로 의견을 내놓고 있다.
	소비자들의 심리개선과 총수요의 개선이 한국경제에 향후 도움이 된다는 원론적인 측면이기도 하다. 물가와 금리의 관계에서 물가의 하락추세는 실질금리의 상승세로 연결될 수도 있는데, 이는 채무를 많이 가지고 있는 경제주체들에게 부담요인으로 작용하여 소비세가 더욱 위축될 것을 우려하고 있기도 하다.
	결국 금융자산이든 부동산(주택)에 대한 매도로 이어지고 물가하락의 속도는 더욱 커질 수 있다는 우려도 있기도 하다. 이는 저출산에 따른 인구의 고령화 추세에 도움이 될 수 있는 개인연금에 대한 관심도도 낮아질 수 있는 우려감이 상존하고 있기도 하다. 노후의 생활안정과 관련되어 있기 때문이다. 시장에서는 이에 따라 수익률의 제고와 세제혜택과 같은 방안이 필요할 것으로 주장하고 있기도 한 상황이다. 또한 퇴직연금의 경우에도 수수료의 인하와 같은 방안이 향후 취해질 수 있을지 살펴볼 필요가 있다는 지적도 있는 현실이기도 하다.

22. 미국경제와 미국의 금리정책의 관계에 대하여 설명하시오.

정답

	내용적인 요인
미국경제와 미국의 금리정책의 관계	2019년 10월 초순 들어 미국의 금리정책의 경우 미국의 고용지표와 제조업의 지표들을 감안할 경우 인하에 무게가 실린다는 것이 시장에서의 평가이다. 하지만 미국의 고용지표와 제조업의 지표 등을 종합한 미국경제가 2020년에도 양호한 상황으로 기대되어서 미국의 금리인하가 단행이 되어도 미국 경제에 대한 영향은 크지 않을 것으로도 예상되고 있기도 한 상황이다.

| 제1절 | 금융자산과 부동산(주택)자산 및 투자심리 |

향후에 있어서는 결국 인터넷 관련의 전문은행의 성공이 은행의 수익성 강화로 연결될 수 있을 것으로 시장에서는 판단하고 있다. 이는 정보통신기술이 지속적으로 발전하고 있는 것과도 연계성을 지니고 있는 것이다.[1]

결국 비용절감이 이들 은행에서 비롯될 수 있기 때문이기도 하다. 따라서 세계 각국에서는 이와 관련된 투자가 이루어지고 있는 것이기도 한 것이다. 이는 전자상거래와도 연결될 수 있고 새로운 비즈니스 창출 모델로 이어질 수 있다는 것이 시장전문가들의 판단이기도 하다.

따라서 전통적 은행의 영업방식과 새로운 인터넷 관련의 전문은행의 혼합된

---

1 Financial Stability Board(2017), Financial Stability Implications From Fintech.

체제가 현재로서는 잘 작동되는 체계(mechanism)이기도 한 상황이다. 이는 돈에 대한 지급체계까지 연계되고 수수료의 경쟁과도 연계되기도 하는데, 고객에 대한 보다 우월한 서비스를 제공하고 고객의 편리성을 도모하는 측면에서 발전해 나가고 있는 시스템적인 측면이다.

표 2-1 ▎ 전통적 은행의 영업방식과 새로운 인터넷 관련의 전문은행의 혼합된 체제 방향

	내용적인 요인
전통적 은행의 영업방식과 새로운 인터넷 관련의 전문은행의 혼합된 체제 : 고객에 대한 보다 우월한 서비스 제공	향후에 있어서는 결국 인터넷 관련의 전문은행의 성공이 은행의 수익성 강화로 연결될 수 있을 것으로 시장에서는 판단하고 있다. 이는 정보통신기술이 지속적으로 발전하고 있는 것과도 연계성을 지니고 있는 것이다.
	비용절감이 이들 은행에서 비롯될 수 있기 때문이기도 하다. 따라서 세계 각국에서는 이와 관련된 투자가 이루어지고 있는 것이기도 한 것이다. 이는 전자상거래와도 연결될 수 있고 새로운 비즈니스 창출 모델로 이어질 수 있다는 것이 시장전문가들의 판단이기도 하다.
	전통적 은행의 영업방식과 새로운 인터넷 관련의 전문은행의 혼합된 체제가 현재로서는 잘 작동되는 체계(mechanism)이기도 한 상황이다. 이는 돈에 대한 지급체계까지 연계되고 수수료의 경쟁과도 연계되기도 하는데, 고객에 대한 보다 우월한 서비스를 제공하고 고객의 편리성을 도모하는 측면에서 발전해 나가고 있는 시스템적인 측면이다.

그림 2-1 ▎ 인터넷 관련의 전문은행의 전자상거래와도 연결성

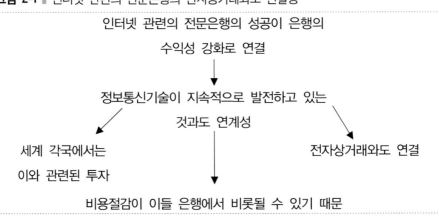

인터넷 관련의 전문은행의 성공이 은행의
수익성 강화로 연결

정보통신기술이 지속적으로 발전하고 있는
것과도 연계성

세계 각국에서는
이와 관련된 투자

전자상거래와도 연결

비용절감이 이들 은행에서 비롯될 수 있기 때문

그림 2-2 ▌전통적 은행의 영업방식과 새로운 인터넷 관련의 전문은행의 혼합된 체제

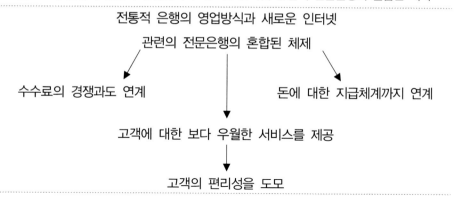

2019년 10월 초순 들어 한국의 뱅킹시스템에서는 해외에 대한 송금시장에서도 시중의 은행들이 수수료에 대하여 인하를 진행하는 방안을 모색하고 있기도 한 상황이다. 여기에 해당하는 금융권의 업계는 핀테크와 관련된 소액의 송금업체들도 있으며, 간소한 송금의 절차를 비롯한 금융혁신(financial innovation)을 단행하는 방안이 추진되고 있는 것이다. 시장 전문가들은 시중은행들의 경우 수수료에 대한 인하 이외에도 차원 높은 서비스의 경쟁력이 있는 시스템을 갖추려고 노력해 나가려고 하는 방안이 필요하다고 보고 있다.

표 2-2 ▌한국의 뱅킹시스템과 해외에 대한 송금

	내용적인 요인
한국의 뱅킹시스템과 해외에 대한 송금	2019년 10월 초순 들어 한국의 뱅킹시스템에서는 해외에 대한 송금시장에서도 시중의 은행들이 수수료에 대하여 인하를 진행하는 방안을 모색하고 있기도 한 상황이다. 여기에 해당하는 금융권의 업계는 핀테크와 관련된 소액의 송금업체들도 있으며, 간소한 송금의 절차를 비롯한 금융혁신(financial innovation)을 단행하는 방안이 추진되고 있는 것이다. 시장 전문가들은 시중은행들의 경우 수수료에 대한 인하 이외에도 차원 높은 서비스의 경쟁력이 있는 시스템을 갖추려고 노력해 나가려고 하는 방안이 필요하다고 보고 있다.

그림 2-3 ▌ 뱅킹시스템과 해외에 대한 송금 체계

뱅킹시스템에서는 해외에 대한 송금시장에서도
시중의 은행들이 수수료에 대하여 인하

↓

핀테크와 관련된 소액의 송금업체들

↓

간소한 송금의 절차를 비롯한 금융혁신
(financial innovation)

↓

차원 높은 서비스의 경쟁력이 있는 시스템

부동산(주택)의 투자에 있어서는 정부의 재정정책과 세제관련 정책에도 잘 살펴볼 필요가 있다는 것이 시장관계자들의 판단이다. 여기에는 부동산펀드와 관련하여 증권과 뱅킹시스템과 연계되기도 하고 해외지역까지 광범위한 투자처가 형성되고 있기도 한 상황이다.

투자에 있어서는 금융자산이나 부동산(주택) 모두 투자심리가 매우 중요한 요인임에는 틀림이 없다. 주식의 경우 2019년 10월 초순 들어 2019년 상반기의 호조세가 하반기에도 이어질 것으로 기대감은 상존하고 있는 상황이다.

단지 해외에 대하여 투자를 하였던 부동산에 있어서 위험요인들이 있는 가운데 파생결합증권으로 불리는 높은 위험의 금융상품인 DLS관련하여 발행의 축소 등으로 투자심리가 위축되어 있기는 하다.

표 2-3 ▌ 금융자산과 부동산(주택)자산 및 투자심리

	내용적인 요인
금융자산과 부동산(주택)자산 및 투자심리	부동산(주택)의 투자에 있어서는 정부의 재정정책과 세제관련 정책에도 잘 살펴볼 필요가 있다는 것이 시장관계자들의 판단이다. 여기에는 부동산펀드와 관련하여 증권과 뱅킹시스템과 연계되기도 하고 해외지역까지 광범위한 투자처가 형성되고 있기도 한 상황이다.

> 투자에 있어서는 금융자산이나 부동산(주택) 모두 투자심리가 매우
> 중요한 요인임에는 틀림이 없다. 주식의 경우 2019년 10월 초순 들
> 어 2019년 상반기의 호조세가 하반기에도 이어질 것으로 기대감은
> 상존하고 있는 상황이다.
>
> 단지 해외에 대하여 투자를 하였던 부동산에 있어서 위험요인들이
> 있는 가운데 파생결합증권으로 불리는 높은 위험의 금융상품인 DLS
> 관련하여 발행의 축소 등으로 투자심리가 위축되어 있기는 하다.

그림 2-4 ▌ 금융자산과 부동산(주택)자산 및 투자심리 체계성

부동산(주택)의 투자에 있어서는 정부의 재정정책과

세제관련 정책에도 잘 살펴볼 필요성

↓

부동산펀드와 관련하여 증권과

뱅킹시스템과 연계

해외지역까지 광범위한 투자처가 형성

↓

금융자산이나 부동산(주택)

투자심리가 매우 중요한 요인

국내 투자의 경우 저축을 통하여 이루어짐으로써 저축을 통한 투자는 결국 소
비 증가와 소득의 증가로 연결되어질 수 있다. 투자는 자본축적의 한계적인 단위
로써 측정이 가능한데 한계적인 효율성이 높아져야 한계적인 투자도 늘어날 수
있는 것이다.

이는 케인즈의 주장에서와 같이 투자와 소비의 유효수요가 중요한데, 이는 산
출량으로 연결되는 것이다. 이는 세이가 주장한 공급의 수요창출과 상반된 것으로
불완전 고용하에서의 경제균형과 관련된 것이다.

국가 경제 전체에 있어서의 공급과 국가 경제 전체에 있어서의 수요에 의하여
고용수준이 결정된다는 것이며, 실업의 상황은 국가 전체적인 유효수요가 부족한
데에서 기인한다는 측면이다.

투자와 관련하여서는 균형적인 소득 수준 하에서의 증가분에 대한 투자의 증

가분으로 하여 투자의 승수를 살펴볼 수 있다. 소득의 증가가 중요하다는 측면이고, 미국을 중심으로 한 낮은 금리 수준에 있어서 유동성이 풍부한 상황이다.

표 2-4 ▌ 케인즈의 불완전 고용하에서의 경제균형

	내용적인 요인
케인즈의 불완전 고용 하에서의 경제균형	국내 투자의 경우 저축을 통하여 이루어짐으로써 저축을 통한 투자는 결국 소비 증가와 소득의 증가로 연결되어질 수 있다. 투자는 자본축적의 한계적인 단위로써 측정이 가능한데 한계적인 효율성이 높아져야 한계적인 투자도 늘어날 수 있는 것이다.
	케인즈의 주장에서와 같이 투자와 소비의 유효수요가 중요한데, 이는 산출량으로 연결되는 것이다. 이는 세이가 주장한 공급의 수요창출과 상반된 것으로 불완전 고용하에서의 경제균형과 관련된 것이다.
	국가 경제 전체에 있어서의 공급과 국가 경제 전체에 있어서의 수요에 의하여 고용수준이 결정된다는 것이며, 실업의 상황은 국가 전체적인 유효수요가 부족한 데에서 기인한다는 측면이다.
	투자와 관련하여서는 균형적인 소득 수준 하에서의 증가분에 대한 투자의 증가분으로 하여 투자의 승수를 살펴볼 수 있다. 소득의 증가가 중요하다는 측면이고, 미국을 중심으로 한 낮은 금리 수준에 있어서 유동성이 풍부한 상황이다.

그림 2-5 ▌ 한계적인 효율성과 투자

국내 투자의 경우 저축을 통하여 이루어짐으로써

저축을 통한 투자는

결국 소비 증가와 소득의 증가로 연결

↓

투자는 자본축적의 한계적인 단위로써

측정이 가능한데

한계적인 효율성이 높아져야

한계적인 투자도 늘어날 수 있는 것

그림 2-6 ▌ 케인즈의 투자와 소비의 유효수요 체계

케인즈의 주장에서와 같이 투자와 소비의

유효수요가 중요

↓

산출량으로 연결

↓

세이가 주장한 공급의 수요창출과

상반된 것으로 불완전 고용하에서의

경제균형과 관련된 것

그림 2-7 ▌ 케인즈의 투자와 소비의 유효수요 전개과정

국가 경제 전체에 있어서의 공급과

국가 경제 전체에 있어서의 수요에 의하여

고용수준 결정

↓

실업의 상황은 국가 전체적인 유효수요가

부족한 데에서 기인

그림 2-8 ▌ 투자의 승수와 소득의 증가의 관계

투자와 관련하여서는

균형적인 소득 수준하에서의

증가분에 대한 투자의 증가분으로 하여

투자의 승수

↓

소득의 증가가 중요하다는 측면

표 2-5 ▮ 유동성에 대한 선호현상과 고전학파적인 견해

	내용적인 요인
유동성에 대한 선호현상과 고전학파적인 견해	유동성은 구매력이 있는 화폐의 교환적인 측면에서 가능성 정도로 판단할 수 있다. 이에 따라 자산의 경우 유동성이 있는 것이다. 만일 경제가 불확실성 국면이 커지게 되면 유동성에 대한 선호현상이 커지게 되는데 이는 화폐수요가 증가함을 의미하는 것이다.
	고전학파적인 견해로는 통화량의 경우 산출량에 있어서 절대가격 결정의 요인이고 이자율 수준과는 독립적이라고 주장하였다. 반면에 케인즈의 견해에 있어서는 유동성에 대한 선호현상이 이자율결정에 중요한 요인이 되고 실물경제에 있어서도 중요한 요인이 된다는 것이다.

여기서 유동성은 구매력이 있는 화폐의 교환적인 측면에서 가능성 정도로 판단할 수 있다. 이에 따라 자산의 경우 유동성이 있는 것이다. 만일 경제가 불확실성 국면이 커지게 되면 유동성에 대한 선호현상이 커지게 되는데 이는 화폐수요가 증가함을 의미하는 것이다.

고전학파적인 견해로는 통화량의 경우 산출량에 있어서 절대가격 결정의 요인이고 이자율 수준과는 독립적이라고 주장하였다. 반면에 케인즈의 견해에 있어서는 유동성에 대한 선호현상이 이자율결정에 중요한 요인이 되고 실물경제에 있어서도 중요한 요인이 된다는 것이다.

그림 2-9 ▮ 유동성에 대한 선호현상과 경제 및 자산의 관계

유동성은 구매력이 있는 화폐의 교환적인 측면에서

가능성 정도로 판단

↓

자산의 경우 유동성 존재

↓

경제가 불확실성 국면이 커지게 되면

유동성에 대한 선호현상이 커지게 되는데

이는 화폐수요가 증가함을 의미

그림 2-10 ▌고전학파적인 견해와 이자율의 관계

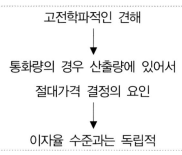

고전학파적인 견해

↓

통화량의 경우 산출량에 있어서
절대가격 결정의 요인

↓

이자율 수준과는 독립적

그림 2-11 ▌케인즈의 견해와 이자율 수준

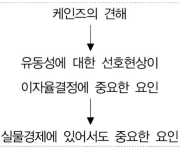

케인즈의 견해

↓

유동성에 대한 선호현상이
이자율결정에 중요한 요인

↓

실물경제에 있어서도 중요한 요인

(그림 2−12)에는 미국 소비자물가지수(1982−84=100 기준, 전월대비 차감 자료)가 나타나 있다. 여기서 기간은 1965년 2월부터 2019년 8월까지이다. 자료는 한국은행에서 제공하는 경제통계시스템인 간편 검색을 통하여 구한 수치이다.

이 기간 동안 2018년 1월 이후 2019년 8월까지의 평균 수치는 0.50만큼 상승한 것으로 나타났다. 이는 같은 기간 동안의 한국의 소비자물가지수보다 양호한 흐름을 보인 것으로 판단된다.

2019년 초순 들어 OECD국가들 중에서 그리스를 비롯한 포르투갈 정도는 물가상승률이 가장 낮은 편에 속하는 것으로 알려져 있다. 일본의 경우에는 아베노믹스에 따라 완만한 재정 및 통화정책으로 인하여 인플레이션율이 최근 들어 상승세를 보이고 있는 것으로 알려져 있다. 세계적인 낮은 물가의 양상은 미국과 중국의 무역마찰을 비롯한 세계적인 현안 등에 따른 것으로 판단된다.

그림 2-12 ┃ 미국 소비자물가지수(1982-84=100 기준, 전월대비 차감 자료)

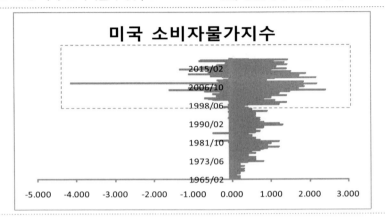

그림 2-13 ┃ 일본 소비자물가지수(2015=100 기준, 전월대비 차감 자료)

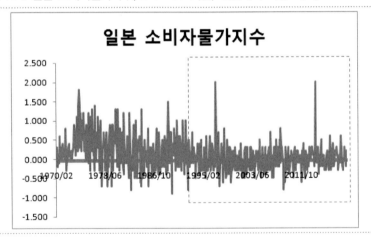

　(그림 2-13)에는 일본 소비자물가지수(2015=100 기준, 전월대비 차감 자료)가 나타나 있다. 여기서 기간은 1970년 2월부터 2019년 8월까지이다. 자료는 한국은행에서 제공하는 경제통계시스템인 간편 검색을 통하여 구한 수치이다.

　이 기간 동안 2018년 1월 이후 2019년 8월까지의 평균 수치는 0.03만큼 상승한 것으로 나타났다. 한국의 경우에도 완만한 통화정책과 재정정책으로 경기침체에 대비할 수 있는 충분한 기초경제(fundamentals)가 유지되고 있는 것으로 전문가들은 파악하고 있기도 하다.

전자상거래에서 규모의 경제에 따른 장기적인 평균비용 감소의 현상에 따른 수익의 발생과 동일한 효과가 인터넷관련 전문은행에서도 나타날 수 있다. 이는 장기적으로 수익의 발생이 가능한 모형으로 향후 전개될 수 있다는 것이다.

표 2-6 ▎ 인터넷관련 전문은행과 규모의 경제성

	내용적인 요인
인터넷관련 전문은행과 규모의 경제성	전자상거래에서 규모의 경제에 따른 장기적인 평균비용 감소의 현상에 따른 수익의 발생과 동일한 효과가 인터넷관련 전문은행에서도 나타날 수 있다. 이는 장기적으로 수익의 발생이 가능한 모형으로 향후 전개될 수 있다는 것이다.

그림 2-14 ▎ 인터넷관련 전문은행과 규모의 경제 관계도

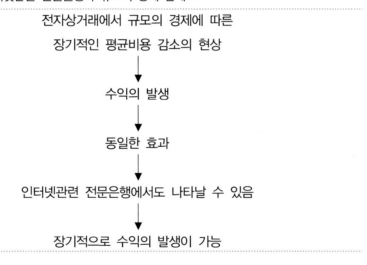

표 2-7 ▎ 부동산의 수익원

	내용적인 요인
부동산의 수익원	금융자산의 경우 매매차익과 배당금 등으로 수익원이 발생할 수 있다. 부동산의 경우에는 장기적으로 토지가지의 상승과 개발 능과 관련하여 수익금이 발생할 수 있다. 또한 임대수입과 전세가격 등으로 인하여 수익이 발생할 수도 있다.

그림 2-15 ▌ 금융자산의 수익원

금융자산의 경우

↓

매매차익과 배당금 등으로 수익원 발생

금융자산의 경우 매매차익과 배당금 등으로 수익원이 발생할 수 있다. 부동산의 경우에는 장기적으로 토지가치의 상승과 개발 등과 관련하여 수익금이 발생할 수 있다. 또한 임대수입과 전세가격 등으로 인하여 수익이 발생할 수도 있다.

그림 2-16 ▌ 부동산의 수익원 체계

부동산의 경우

↓

장기적으로 토지가치의 상승과 개발 등과

관련하여 수익금이 발생

↓

임대수입과 전세가격 등으로 인하여

수익 발생

표 2-8 ▌ 미래의 투자수익률과 소비의 관계

	내용적인 요인
미래의 투자수익률과 소비의 관계	투자하는 사람들의 경우 현재의 소비를 줄여서 저축을 하고 이를 통하여 미래의 소비에 대한 대비를 한다. 이는 투자와 관련된 것으로 당연히 미래에 투자수익률이 높은 방향으로 투자를 집중해 나가게 되는 것이다.

투자하는 사람들의 경우 현재의 소비를 줄여서 저축을 하고 이를 통하여 미래의 소비에 대한 대비를 한다. 이는 투자와 관련된 것으로 당연히 미래에 투자수익률이 높은 방향으로 투자를 집중해 나가게 되는 것이다.

그림 2-17 ▌ 현재와 미래 소비의 관계

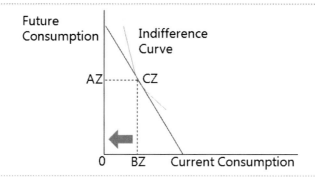

(그림 2−17)에는 현재와 미래 소비의 관계가 나타나 있다. 여기서 현재의 소비를 줄이게 되면 저축을 하게 되고 이를 통한 투자는 결국 미래 소비와 연결되는 것이다. 이 그림에서 현재의 소비를 BZ만큼하고 미래의 소비를 AZ만큼 하는데에 있어서 균형 수준이 CZ라고 하자. 이 경우에 BZ의 오른쪽으로 현재의 소비를 줄이게 되면 결국 AZ보다 위쪽의 미래소비에 대한 증가가 발생하게 되는 것이다.

제2절   경제를 통한 변화요인과 승수

경제를 통하여 경제에 어떠한 변화요인이 생겼을 때 다른 변수에 있어서 어떠한 영향을 주는 가를 알아보는 것이 승수와 관련된 이론이다. 이는 물리학적인 개념으로 결국 하나의 작은 변화에 따라서도 경우에 따라 엄청난 파급효과가 경제적으로도 발생할 수 있다는 측면이다.

표 2-9 ▌ 승수와 관련된 이론

	내용적인 요인
승수와 관련된 이론	경제를 통하여 경제에 어떠한 변화요인이 생겼을 때 다른 변수에 있어서 어떠한 영향을 주는가를 알아보는 것이 승수와 관련된 이론이다. 이는 물리학적인 개념으로 결국 하나의 작은 변화에 따라서도 경우에 따라 엄청난 파급효과가 경제적으로도 발생할 수 있다는 측면이다.

그림 2-18 ▌ 승수와 관련된 이론의 전개

경제를 통하여 경제에 어떠한 변화요인이 생겼을 때

↓

다른 변수에 있어서 어떠한 영향을 주는

가를 알아보는 것이 승수와 관련된 이론

2020년 이후 신용과 관련된 점수제의 체제가 전체의 금융권에 도입되는 방안이 진행 중에 있는 것으로 알려져 있다. 이는 금융상품과 관련하여 다양성을 갖는 계기가 될 것으로 시장에서는 보고 있기도 하다. 시장전문가들은 금융과 관련하여 소비자들의 이자부담요인이 줄어들게 될 것으로 파악하고 있다.

표 2-10 ▌ 2020년 이후 신용과 관련된 점수제 체제의 장점

	내용적인 요인
2020년 이후 신용과 관련된 점수제 체제의 장점	2020년 이후 신용과 관련된 점수제의 체제가 전체의 금융권에 도입되는 방안이 진행 중에 있는 것으로 알려져 있다. 이는 금융상품과 관련하여 다양성을 갖는 계기가 될 것으로 시장에서는 보고 있기도 하다. 시장전문가들은 금융과 관련하여 소비자들의 이자부담요인이 줄어들게 될 것으로 파악하고 있다.

그림 2-19 ▎ 2020년 이후 신용과 관련된 점수제 체제 장점의 관계도

2020년 이후 신용과 관련된 점수제의 체제

↓

전체의 금융권에 도입되는 방안

↓

금융상품과 관련하여 다양성을 갖는 계기

↓

금융과 관련하여 소비자들의
이자부담요인이 줄어들게 될 것

저출산과 이로 인한 고령화의 여파가 금융자산 및 부동산(주택)자산에도 영향을 줄 가능성이 커지고 있다. 이는 심리적으로도 경제에 영향을 줄 수 있는데, 이는 구매력의 감소에 따라 소비가 줄어들고 생산과 고용이 감소하여 결국 소득이 줄어들어 금융 및 부동산(주택)에 대한 투자도 줄어들 가능성이 있기 때문이다.

표 2-11 ▎ 저출산과 이로 인한 고령화의 여파 : 구매력의 감소

	내용적인 요인
저출산과 이로 인한 고령화의 여파 : 구매력의 감소	저출산과 이로 인한 고령화의 여파가 금융자산 및 부동산(주택)자산에도 영향을 줄 가능성이 커지고 있다. 이는 심리적으로도 경제에 영향을 줄 수 있는데, 이는 구매력의 감소에 따라 소비가 줄어들고 생산과 고용이 감소하여 결국 소득이 줄어들어 금융 및 부동산(주택)에 대한 투자도 줄어들 가능성이 있기 때문이다.

그림 2-20 ▌ 저출산과 이로 인한 고령화의 여파와 구매력의 감소의 영향

저출산과 이로 인한 고령화의 여파

↓

금융자산 및 부동산(주택)자산에도

영향을 줄 가능성

↓

심리적으로도 경제에 영향을 줄 수 있음

↓

구매력의 감소에 따라 소비가 줄어들고

생산과 고용이 감소하여

결국 소득이 줄어들어

금융 및 부동산(주택)에 대한

투자도 줄어들 가능성

그림 2-21 ▌ 중국 소비자물가지수(The same month last year=100 기준, 전월대비 차감
자료)

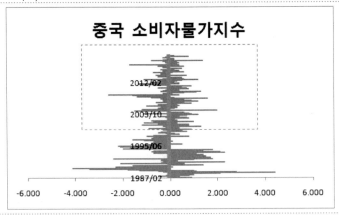

(그림 2-21)에는 중국 소비자물가지수(The same month last year=100 기준, 전월대비 차감 자료)가 나타나 있다. 여기서 기간은 1987년 2월부터 2019년 8월까지이다. 자료는 한국은행에서 제공하는 경제통계시스템인 간편 검색을 통하여 구한

수치이다.

이 기간 동안 2018년 1월 이후 2019년 8월까지의 평균 수치는 0.05만큼 상승한 것으로 나타났다. 한편 한국의 경우 2019년 10월 초순에 들어 통화정책을 완화시키는 방향을 유지할 것으로 한국은행의 관계자가 언급하고 있다.

이는 미국과 중국의 무역마찰로 인한 세계적인 무역 감소를 비롯한 대외 경제 여건의 상황에 따라 이루어지는 측면이 강한 것으로 알려지고 있다. 한국 금융시장의 경우 2019년 9월 들어 불확실성(uncertainty)이 완화되는 측면이 생기면서 시장금리수준이 일정 수준 이상으로 상승하고 주가수준의 반등이 나타난 것으로 시장에서는 파악하고 있다.

(그림 2-22)에는 영국 소비자물가지수(2015＝100 기준, 전월대비 차감 자료)가 나타나 있다. 여기서 기간은 1988년 2월부터 2019년 8월까지이다. 자료는 한국은행에서 제공하는 경제통계시스템인 간편 검색을 통하여 구한 수치이다.

이 기간 동안 2018년 1월 이후 2019년 8월까지의 평균 수치는 0.18만큼 상승한 것으로 나타났다. 세계 경제에 있어서 경기순환은 2008년도의 세계 금융위기가 미국의 서브 프라임 모기지 사태를 통하여 전개된 이후 경기회복국면에 접어들었고, 2018년이 정점으로 파악되는 가운데 다시 경기침체기에 들어가는 것이 아닌지 일부 전문가들은 우려하고 있는 상황이다.

현재 진행 중인 미국과 중국의 무역마찰 이외에도 세계 경기의 동반 위축 가능성의 우려를 자아내는 독일을 비롯한 경제 침체 상황과 영국이 추진하고 있는 브렉시트가 시장에 있어서 부정적인 영향을 나타낼 가능성으로 시장에서는 파악하고 있다.

중국은 중속성장 기조로 인하여 자동차를 비롯한 중국의 내수에 있어서 성장세를 크게 나타내기는 어려운 구조이며, 홍콩과 관련된 이슈도 시장에는 좋지 않은 영향을 줄 것으로 염려하는 분위기가 형성되어 있기도 한 상황이다.

최근까지 한국의 기업들은 화장품을 비롯하여 신규 산업에 대한 투자 추세를 이어오기도 하였으며, 향후 물가도 다시 안정적인 추세를 보일 수 있을 것으로 시장관계자들은 전망하고 있기도 하다. 일부 전문가들은 한국 경제의 도약을 위해서는 4차의 산업혁명 시대에 걸맞게 제도적인 보완이 중요하다고 파악하고 있다.

그림 2-22 ▌ 영국 소비자물가지수(2015=100 기준, 전월대비 차감 자료)

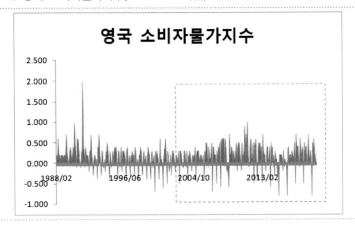

1. 전통적 은행의 영업방식과 새로운 인터넷 관련의 전문은행의 혼합된 체제 방향에 대하여 설명하시오.

정답

	내용적인 요인
전통적 은행의 영업방식과 새로운 인터넷 관련의 전문은행의 혼합된 체제 : 고객에 대한 보다 우월한 서비스 제공	향후에 있어서는 결국 인터넷 관련의 전문은행의 성공이 은행의 수익성 강화로 연결될 수 있을 것으로 시장에서는 판단하고 있다. 이는 정보통신기술이 지속적으로 발전하고 있는 것과도 연계성을 지니고 있는 것이다.
	비용절감이 이들 은행에서 비롯될 수 있기 때문이기도 하다. 따라서 세계 각국에서는 이와 관련된 투자가 이루어지고 있는 것이기도 한 것이다. 이는 전자상거래와도 연결될 수 있고 새로운 비즈니스 창출 모델로 이어질 수 있다는 것이 시장전문가들의 판단이기도 하다.
	전통적 은행의 영업방식과 새로운 인터넷 관련의 전문은행의 혼합된 체제가 현재로서는 잘 작동되는 체계(mechanism)이기도 한 상황이다. 이는 돈에 대한 지급체계까지 연계되고 수수료의 경쟁과도 연계되기도 하는데, 고객에 대한 보다 우월한 서비스를 제공하고 고객의 편리성을 도모하는 측면에서 발전해 나가고 있는 시스템적인 측면이다.

2. 한국의 뱅킹시스템과 해외에 대한 송금에 대하여 설명하시오.

정답

	내용적인 요인
한국의 뱅킹시스템과 해외에 대한 송금	2019년 10월 초순 들어 한국의 뱅킹시스템에서는 해외에 대한 송금시장에서도 시중의 은행들이 수수료에 대하여 인하를 진행하는 방안을 모색하고 있기도 한 상황이다. 여기에 해당하는 금융권의 업계는 핀테크와 관련된 소액외 송금업체들도 있으며, 간수한 송금익 점차를 비롯한 금융혁신(financial innovation)을 단행하는 방안이 추진되고 있는 것이다. 시장 전문가들은 시중은행들의 경우 수수료에 대

한 인하 이외에도 차원 높은 서비스의 경쟁력이 있는 시스템을 갖추려고 노력해 나가려고 하는 방안이 필요하다고 보고 있다.

3. 금융자산과 부동산(주택)자산 및 투자심리에 대하여 설명하시오.

정답

	내용적인 요인
금융자산과 부동산(주택)자산 및 투자심리	부동산(주택)의 투자에 있어서는 정부의 재정정책과 세제관련 정책에도 잘 살펴볼 필요가 있다는 것이 시장관계자들의 판단이다. 여기에는 부동산펀드와 관련하여 증권과 뱅킹시스템과 연계되기도 하고 해외지역까지 광범위한 투자처가 형성되고 있기도 한 상황이다.
	투자에 있어서는 금융자산이나 부동산(주택) 모두 투자심리가 매우 중요한 요인임에는 틀림이 없다. 주식의 경우 2019년 10월 초순 들어 2019년 상반기의 호조세가 하반기에도 이어질 것으로 기대감은 상존하고 있는 상황이다.
	단지 해외에 대하여 투자를 하였던 부동산에 있어서 위험요인들이 있는 가운데 파생결합증권으로 불리는 높은 위험의 금융상품인 DLS 관련하여 발행의 축소 등으로 투자심리가 위축되어 있기는 하다.

4. 케인즈의 불완전 고용하에서의 경제균형에 대하여 설명하시오.

정답

	내용적인 요인
케인즈의 불완전 고용하에서의 경제균형	국내 투자의 경우 저축을 통하여 이루어짐으로써 저축을 통한 투자는 결국 소비 증가와 소득의 증가로 연결되어질 수 있다. 투자는 자본축적의 한계적인 단위로써 측정이 가능한데 한계적인 효율성이 높아져야 한계적인 투자도 늘어날 수 있는 것이다.
	케인즈의 주장에서와 같이 투자와 소비의 유효수요가 중요한데, 이는 산출량으로 연결되는 것이다. 이는 세이가 주장한 공급의 수요 창출과 상반된 것으로 불완전 고용하에서의 경제균형과 관련된 것이다.
	국가 경제 전체에 있어서의 공급과 국가 경제 전체에 있어서의 수요에 의하여 고용수준이 결정된다는 것이며, 실업의 상황은 국가 전체적인 유효수요가 부족한 데에서 기인한다는 측면이다.
	투자와 관련하여서는 균형적인 소득 수준하에서의 증가분에 대한 투자의 증가분으로 하여 투자의 승수를 살펴볼 수 있다. 소득의 증

가가 중요하다는 측면이고, 미국을 중심으로 한 낮은 금리 수준에 있어서 유동성이 풍부한 상황이다.

5. 유동성에 대한 선호현상과 고전학파적인 견해에 대하여 설명하시오.

정답

	내용적인 요인
유동성에 대한 선호현상과 고전학파적인 견해	유동성은 구매력이 있는 화폐의 교환적인 측면에서 가능성 정도로 판단할 수 있다. 이에 따라 자산의 경우 유동성이 있는 것이다. 만일 경제가 불확실성 국면이 커지게 되면 유동성에 대한 선호현상이 커지게 되는데 이는 화폐수요가 증가함을 의미하는 것이다.
	고전학파적인 견해로는 통화량의 경우 산출량에 있어서 절대가격 결정의 요인이고 이자율 수준과는 독립적이라고 주장하였다. 반면에 케인즈의 견해에 있어서는 유동성에 대한 선호현상이 이자율결정에 중요한 요인이 되고 실물경제에 있어서도 중요한 요인이 된다는 것이다.

6. 인터넷관련 전문은행과 규모의 경제성에 대하여 설명하시오.

정답

	내용적인 요인
인터넷관련 전문은행과 규모의 경제성	전자상거래에서 규모의 경제에 따른 장기적인 평균비용 감소의 현상에 따른 수익의 발생과 동일한 효과가 인터넷관련 전문은행에서도 나타날 수 있다. 이는 장기적으로 수익의 발생이 가능한 모형으로 향후 전개될 수 있다는 것이다.

7. 부동산의 수익원에 대하여 설명하시오.

정답

	내용적인 요인
부동산의 수익원	금융자산의 경우 매매차익과 배당금 등으로 수익원이 발생할 수 있다. 부동산의 경우에는 장기적으로 토지가치의 상승과 개발 등과 관련하여 수익금이 발생할 수 있다. 또한 임대수입과 권세기러 등으로 인하여 수익이 발생할 수도 있다.

8. 미래의 투자수익률과 소비의 관계에 대하여 설명하시오.

정답

	내용적인 요인
미래의 투자수익률과 소비의 관계	투자하는 사람들의 경우 현재의 소비를 줄여서 저축을 하고 이를 통하여 미래의 소비에 대한 대비를 한다. 이는 투자와 관련된 것으로 당연히 미래에 투자수익률이 높은 방향으로 투자를 집중해 나가게 되는 것이다.

9. 승수와 관련된 이론에 대하여 설명하시오.

정답

	내용적인 요인
승수와 관련된 이론	경제를 통하여 경제에 어떠한 변화요인이 생겼을 때 다른 변수에 있어서 어떠한 영향을 주는가를 알아보는 것이 승수와 관련된 이론이다. 이는 물리학적인 개념으로 결국 하나의 작은 변화에 따라서도 경우에 따라 엄청난 파급효과가 경제적으로도 발생할 수 있다는 측면이다.

10. 2020년 이후 신용과 관련된 점수제 체제의 장점에 대하여 설명하시오.

정답

	내용적인 요인
2020년 이후 신용과 관련된 점수제 체제의 장점	2020년 이후 신용과 관련된 점수제의 체제가 전체의 금융권에 도입되는 방안이 진행 중에 있는 것으로 알려져 있다. 이는 금융상품과 관련하여 다양성을 갖는 계기가 될 것으로 시장에서는 보고 있기도 하다. 시장전문가들은 금융과 관련하여 소비자들의 이자부담 요인이 줄어들게 될 것으로 파악하고 있다.

11. 저출산과 이로 인한 고령화의 여파에서 구매력의 감소에 대하여 설명하시오.

정답

	내용적인 요인
저출산과 이로 인한 고령화의 여파 : 구매력의 감소	저출산과 이로 인한 고령화의 여파가 금융자산 및 부동산(주택)자산에도 영향을 줄 가능성이 커지고 있다. 이는 심리적으로도 경제에 영향을 줄 수 있는데, 이는 구매력의 감소에 따라 소비가 줄어들고 생산과 고용이 감소하여 결국 소득이 줄어들어 금융 및 부동산(주택)에 대한 투자도 줄어들 가능성이 있기 때문이다.

제2편

인터넷 기반의 혼합적인 은행과
부동산(주택)관련 투자

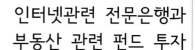

제1절   인터넷관련 전문은행과 부동산(주택)의 투자

현재까지 인터넷관련 전문은행의 수익성과 관련하여 데이터는 많지 않은 것으로 알려져 있다. 하지만 남부유럽의 국가를 중심으로 살펴볼 때, 전통적 은행영업 방식보다 효율성 측면에 있어서 인터넷관련 전문은행이 더 높은 것으로 알려져 있기도 하다.

이는 재무적인 지표에서 비용감소의 효과에 기인하는 것으로 알려져 있으며, 지점의 점포 없이도 운영이 가능하고 전통적인 은행영업 방식과 혼합된 형태로 진행되기도 하는 것으로 파악되고 있다.

그림 3-1 ▎ 인터넷관련 전문은행 : 남부유럽의 국가 효율성 측면 우수성

인터넷관련 전문은행의 수익성과 관련하여
데이터는 많지 않은 것으로 알려져 있음

↓

남부유럽의 국가

↓

전통적 은행영업 방식보다 효율성 측면에
있어서 인터넷관련 전문은행이 더 높은 것으로 알려져 있음

↓

재무적인 지표에서 비용감소의 효과에 기인

↓

지점의 점포 없이도 운영이 가능하고 전통적인
은행영업 방식과 혼합된 형태로 진행

표 3-1 ▎ 인터넷관련 전문은행 : 남부유럽의 국가 효율성 측면 우수

	내용적인 요인
인터넷관련 전문은행 : 남부유럽의 국가 효율성 측면 우수	현재까지 인터넷관련 전문은행의 수익성과 관련하여 데이터는 많지 않은 것으로 알려져 있다. 하지만 남부유럽의 국가를 중심으로 살펴볼 때, 전통적 은행영업 방식보다 효율성 측면에 있어서 인터넷관련 전문은행이 더 높은 것으로 알려져 있기도 하다.
	재무적인 지표에서 비용감소의 효과에 기인하는 것으로 알려져 있으며, 지점의 점포 없이도 운영이 가능하고 전통적인 은행영업 방식과 혼합된 형태로 진행되기도 하는 것으로 파악되고 있다.

그림 3-2 ▌ 부동산(주택)의 투자 관계도

부동산(주택)의 구입

↓

단기적인 시세차익

↓

부동산(주택)이 입지한 위치와
현재 구매한 부동산(주택)의 형태가
현재의 유용성 측면에서 부각되고
있는지가 중요

그림 3-3 ▌ 장기적으로 저평가 되어 있는 지역의 부동산(주택) 투자

장기적으로 저평가되어 있는 지역의 경우

↓

개발이 아직 덜 되어 있는 지역의
부동산(주택) 가치의 예측

↓

부동산(주택)이 개발될 가능성이 있는지 여부

↓

접근의 용이성 등을 면밀히 따져 보아 투자

부동산(주택)의 구입에서 단기적인 시세차익은 부동산(주택)이 입지한 위치와 현재 구매한 부동산(주택)의 형태가 현재의 유용성 측면에서 부각되고 있는지가 중요한 것으로 시장에서는 판단하고 있다.

향후 장기적으로 저평가 되어 있는 지역의 경우 개발이 아직 덜 되어 있는 지역의 부동산(주택) 가치의 예측과 부동산(주택)이 개발될 가능성이 있는지와 접근의 용이성 등을 면밀히 따져 보아 투자를 할지에 대하여 의사결정을 해 나가야 한다고 시장전문가들은 언급하고 있다.

또한 도시의 경우에 있어서는 개발 계획도 잘 살펴보아야 하고 규제와 건물의

높이와 같은 건축이 이루어질 때의 주변 환경과 관련된 법규도 잘 알아보아야 한다. 한국의 경우 30대의 아파트 투자의 매매거래에서 2019년 상반기보다 2019년 7월부터 8월까지의 다소 높은 수준을 보이는 것으로 나타나고 있다.

그림 3-4 ▌ 도시에 있어서의 부동산(주택) 투자

도시의 경우

↓

개발 계획도 잘 살펴보아야 하고
규제와 건물의 높이와 같은 건축이
이루어질 때의 주변 환경과 관련된 법규도
잘 알아보아야 함

표 3-2 ▌ 부동산(주택) 투자 : 장기적 측면과 단기적 측면

	내용적인 요인
부동산(주택) 투자 : 장기적 측면과 단기적 측면	부동산(주택)의 구입에서 단기적인 시세차익은 부동산(주택)이 입지한 위치와 현재 구매한 부동산(주택)의 형태가 현재의 유용성 측면에서 부각되고 있는지가 중요한 것으로 시장에서는 판단하고 있다.
	향후 장기적으로 저평가 되어 있는 지역의 경우 개발이 아직 덜 되어 있는 지역의 부동산(주택) 가치의 예측과 부동산(주택)이 개발될 가능성이 있는지와 접근의 용이성 등을 면밀히 따져 보아 투자를 할지에 대하여 의사결정을 해 나가야 한다고 시장전문가들은 언급하고 있다.
	도시의 경우에 있어서는 개발 계획도 잘 살펴보아야 하고 규제와 건물의 높이와 같은 건축이 이루어질 때의 주변 환경과 관련된 법규도 잘 알아보아야 한다. 한국의 경우 30대의 아파트 투자의 매매거래에서 2019년 상반기보다 2019년 7월부터 8월까지의 다소 높은 수준을 보이는 것으로 나타나고 있다.

(그림 3-5)에는 유로지역 소비자물가지수(2015＝100 기준, 전월대비 차감 자료)가 나타나 있다. 여기서 기간은 1996년 2월부터 2019년 8월까지이다. 자료는 한국은행에서 제공하는 경제통계시스템인 간편 검색을 통하여 구한 수치이다.

이 기간 동안 2018년 1월 이후 2019년 8월까지의 평균 수치는 0.13만큼 상승한 것으로 나타났다. 한편 한국의 경우 일부 시장 관계자들은 2019년 10월 초순 들어 2020년 소비자물가상승률에 대한 전망 부분에서 2019년보다는 다소 높아질 수도 있을 것으로 예상하고 있기도 하다.

그림 3-5 ▎ 유로지역 소비자물가지수(2015=100 기준, 전월대비 차감 자료)

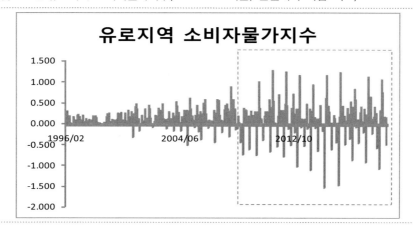

그림 3-6 ▎ 독일 소비자물가지수(2015=100 기준, 전월대비 차감 자료)

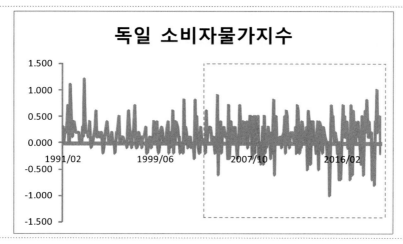

(그림 3-6)에는 독일 소비자물가지수(2015=100 기준, 전월대비 차감 자료)가 나

타나 있다. 여기서 기간은 1991년 2월부터 2019년 8월까지이다. 자료는 한국은행에서 제공하는 경제통계시스템인 간편 검색을 통하여 구한 수치이다.

이 기간 동안 2018년 1월 이후 2019년 8월까지의 평균 수치는 0.17만큼 상승한 것으로 나타났다. 독일 경제의 경우 최근 에너지부문 물가의 하락 추세가 반영되면서 소비자물가가 큰 활력을 찾지는 못한 가운데 실업률지표도 상당히 개선되었다고 보기는 어려운 상태를 맞이하고 있는 상황이다.

제2절   세계적인 금리인하 기조와 부동산 관련 펀드 투자

금융과 실물투자는 포트폴리오 차원과 금융기관의 겸영, 파생상품의 구성 체계 등으로 인하여 투자 차원에서 구분하는 것이 무의미해지고 있다. 부동산의 경우에도 부동산 관련 펀드도 있다. 금도 금펀드와 같은 상품도 있기도 하다.

그림 3-7 ▮ 금융과 실물투자의 체계도

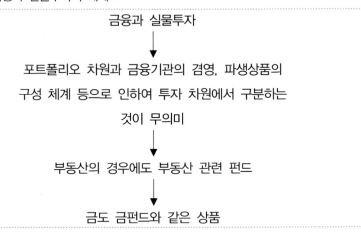

투자의 경우에 있어서는 경기변동과 같은 요인들도 면밀히 살펴보아야 한다. 2019년 10월 중순에 들어 현재 가장 수익률과 안정성의 측면에서 리츠라고 불리는 부동산에 관한 투자신탁 상품과 부동산펀드가 주목을 받고 있다.

그림 3-8 ▐ 투자와 경기변동, 부동산 관련 펀드

투자의 경우 ⇐ 경기변동과 같은 요인

↓

2019년 10월 중순에 들어 현재 가장 수익률과

안정성의 측면에서 리츠라고 불리는 부동산에

관한 투자신탁 상품과 부동산펀드가

주목을 받고 있음

이는 미국을 중심으로 세계의 각국 중앙은행(central bank)들이 금리인하 기조를 유지하고 있기 때문이다. 리츠를 포함하는 부동산펀드의 경우 장기적인 측면에 있어서 세계 경기의 침체 현상이 발생해도 현금흐름 측면에 있어서 유망한 투자 상품으로 분류되고 있다.

그림 3-9 ▐ 세계적인 금리인하 기조 하에 투자 유망 상품

미국을 중심

↓

세계의 각국 중앙은행(central bank)들이 금리

인하 기조를 유지

↓

리츠를 포함하는 부동산펀드의 경우

장기적인 측면에 있어서

세계 경기의 침체 현상이 발생해도

현금흐름 측면에 있어서 유망한

투자 상품으로 분류되고 있음

이는 은행권의 정기예금에 비하여 수익률은 높고 위험(risk)을 줄일 수 있는 상품으로 알려져 있는 것도 원인이다. 리츠펀드의 경우 부동산의 투자회사로 여웃

돈을 맡기고 이를 통하여 투자가 이루어지는 간접투자의 상품으로 분류된다.

그림 3-10 ▮ 리츠펀드 경우의 간접투자의 상품

은행권의 정기예금에 비하여 수익률은 높고
위험(risk)을 줄일 수 있는 상품

↓

리츠펀드의 경우 부동산의 투자회사로 여윳돈을
맡기고 이를 통하여 투자가 이루어지는 간접투자의
상품으로 분류

이와 같은 리츠와 관련된 펀드의 경우 수익이 발생할 경우 상당 부분을 투자자에 대하여 배당을 하는 것이 의무적이다. 이는 부동산의 투자회사에 대하여 주식을 매수하는 것이므로 회사의 가치 상승이 이루어지면 주가가 상승하게 되어 배당수익이 발생할 수 있는 체계이다. 한편 부동산과 관련된 펀드의 경우 수익률 제고에 따라 수익이 발생하는 구조이다.

그림 3-11 ▮ 리츠와 관련된 펀드의 경우 수익금 분배

리츠와 관련된 펀드의 경우
수익이 발생할 경우
상당 부분을 투자자에 대하여 배당을 하는 것이 의무적

↓

부동산의 투자회사에 대하여 주식을 매수하는 것이므로
회사의 가치 상승이 이루어지면 주가가 상승하게 되어
배당수익이 발생할 수 있는 체계

↓

부동산과 관련된 펀드의 경우 수익률 제고에
따라 수익이 발생하는 구조

표 3-3 ▌ 금융과 실물투자의 포트폴리오 : 동산에 관한 투자신탁 상품과 부동산펀드

	내용적인 요인
금융과 실물투자의 포트폴리오 : 동산에 관한 투자신탁 상품과 부동산펀드	금융과 실물투자는 포트폴리오 차원과 금융기관의 겸영, 파생상품의 구성 체계 등으로 인하여 투자 차원에서 구분하는 것이 무의미해지고 있다. 부동산의 경우에도 부동산 관련 펀드도 있다. 금도 금펀드와 같은 상품도 있기도 하다.
	투자의 경우에 있어서는 경기변동과 같은 요인들도 면밀히 살펴보아야 한다. 2019년 10월 중순에 들어 현재 가장 수익률과 안정성의 측면에서 리츠라고 불리는 부동산에 관한 투자신탁 상품과 부동산펀드가 주목을 받고 있다.
	미국을 중심으로 세계의 각국 중앙은행(central bank)들이 금리인하 기조를 유지하고 있기 때문이다. 리츠를 포함하는 부동산펀드의 경우 장기적인 측면에 있어서 세계 경기의 침체 현상이 발생해도 현금흐름 측면에 있어서 유망한 투자 상품으로 분류되고 있다.
	이는 은행권의 정기예금에 비하여 수익률은 높고 위험(risk)을 줄일 수 있는 상품으로 알려져 있는 것도 원인이다. 리츠펀드의 경우 부동산의 투자회사로 여윳돈을 맡기고 이를 통하여 투자가 이루어지는 간접투자의 상품으로 분류된다.
	리츠와 관련된 펀드의 경우 수익이 발생할 경우 상당 부분을 투자자에 대하여 배당을 하는 것이 의무적이다. 이는 부동산의 투자회사에 대하여 주식을 매수하는 것이므로 회사의 가치 상승이 이루어지면 주가가 상승하게 되어 배당수익이 발생할 수 있는 체계이다. 한편 부동산과 관련된 펀드의 경우 수익률 제고에 따라 수익이 발생하는 구조이다.

　　부동산과 금융 투자에 중요한 한국의 경기변동의 경우에 있어서 경기지표가 2019년 10월 중순까지의 데이터 상으로 변화가 없는 상황인 것으로 나타나고 있다. 그리고 소비자물가의 하락으로 인한 경기침체에 대한 우려상황도 일시적인 현상으로 전문가들은 판단하고 있는 상황이다.

표 3-4 부동산과 금융 투자 : 한국의 경기변동상황

	내용적인 요인
부동산과 금융 투자 : 한국의 경기변동상황	부동산과 금융 투자에 중요한 한국의 경기변동의 경우에 있어서 경기지표가 2019년 10월 중순까지의 데이터 상으로 변화가 없는 상황인 것으로 나타나고 있다. 그리고 소비자물가의 하락으로 인한 경기침체에 대한 우려상황도 일시적인 현상으로 전문가들은 판단하고 있는 상황이다.

그림 3-12 부동산과 금융 투자 및 한국의 경기변동상황

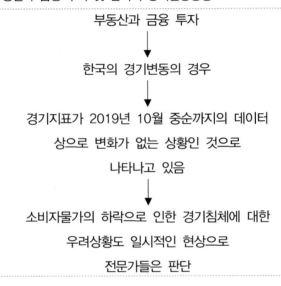

부동산과 금융 투자

↓

한국의 경기변동의 경우

↓

경기지표가 2019년 10월 중순까지의 데이터
상으로 변화가 없는 상황인 것으로
나타나고 있음

↓

소비자물가의 하락으로 인한 경기침체에 대한
우려상황도 일시적인 현상으로
전문가들은 판단

교과서적으로는 케인지안은 불균형, 즉 완전고용이 달성되기 이전에 투자와 생산 및 고용구조가 균형을 가질 수 있음을 지적하고 있다. 이는 '실업도 비자발적인 실업 상태에서의 균형이 가능한 고용상태와 연계하여 생각해 볼 수 있는가?'와 관련되어 있는 것이다.

여기서 비자발적인 실업이란 일하려는 의사를 갖고 있어도 유효수요가 모자라서 강제적으로 실업상태에 놓이게 되는 것을 의미한다. 그리고 유효수요는 '실제 지출을 통하여 물건이나 서비스를 구매할 수 있는 구매력(purchase power)을 가지고 있는가?'와 관련된 것이다.

그림 3-13 ▌ 케인지안의 불완전고용과 균형의 체계도

케인지안은 불균형 즉 완전고용이 달성되기 이전에
투자와 생산 및 고용구조가 균형을 가질 수 있음을 지적

↓

이는 '실업도 비자발적인 실업 상태에서의 균형이
가능한 고용상태와 연계하여 생각해 볼 수 있는가?'와
관련되어 있는 것

그림 3-14 ▌ 비자발적인 실업과 유효수요의 관계

비자발적인 실업

↓

일하려는 의사를 갖고 있어도 유효수요가 모자라서
강제적으로 실업상태에 놓이게 되는 것을 의미

그림 3-15 ▌ 유효수요와 구매력(purchase power)의 관계

유효수요

↓

'실제 지출을 통하여 물건이나 서비스를 구매할 수
있는 구매력(purchase power)을 가지고 있는가?'와
관련된 것

표 3-5 ▌ 케인지안의 불완전고용과 균형

	내용적인 요인
케인지안의 불완전고용과 균형	교과서적으로는 케인지안은 불균형, 즉 완전고용이 달성되기 이전에 투자와 생산 및 고용구조가 균형을 가질 수 있음을 지적하고 있다. 이는 '실업도 비자발적인 실업 상태에서의 균형이 가능한 고용상태와 연계하여 생각해 볼 수 있는가?'와 관련되어 있는 것이다.
	비자발적인 실업이란 일하려는 의사를 갖고 있어도 유효수요가 모자라서 강제적으로 실업상태에 놓이게 되는 것을 의미한다. 그리고 유효수요는 '실제 지출을 통하여 물건이나 서비스를 구매할 수 있는 구매력(purchase power)을 가지고 있는가?'와 관련된 것이다.

그림 3-16 ▌ 거시경제분석 지표 중 경제성장률과 민간소비증감률(실질)

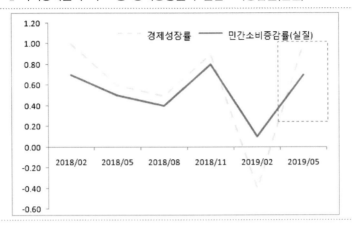

(그림 3-16)에는 한국의 거시경제분석 지표 중 경제성장률과 민간소비증감률(실질)이 나타나 있다. 여기서 기간은 2018년 2월과 5월, 8월, 11월 및 2019년 2월과 5월이다. 자료는 한국은행에서 제공하는 경제통계시스템인 간편 검색을 통하여 구한 수치이다. 그리고 경제성장률과 민간소비증감률(실질)의 단위는 %이다.

이 기간 동안 경제성장률과 민간소비증감률(실질)의 상관계수는 0.96을 나타내 상당히 밀접한 관련성이 있는 것으로 나타났다. 아시아 지역에서 2019년 10월 중순 들어 베트남의 경제성장률이 비교적 높은 수준을 유지하고 있는 것으로 알려지고 있다.

이는 베트남의 시장 목표치를 웃도는 숫자로 산업부문이 호조세를 보였기 때문인 것으로 파악되고 있다. 이와 같은 경제성장률이 높은 것은 (그림 3-16)에서도 알 수 있는 바와 같이 민간소비의 증가를 이끌고 경제의 선순환 구조를 창출해 낼 수 있는 중요한 지표인 것이다. 2019년 중에는 미국과 중국의 무역마찰을 비롯하여 일본과 관련된 수출 이슈 등으로 인하여 한국 경기는 이들 변수들의 영향권에 들어 있는 상황이 지속되었다.

(그림 3-17)에는 거시경제분석 지표 중 경제성장률과 설비투자증감률(실질)이 나타나 있다. 여기서 기간은 2018년 2월과 5월, 8월, 11월 및 2019년 2월과 5월이다. 자료는 한국은행에서 제공하는 경제통계시스템인 간편 검색을 통하여 구한 수치이다. 그리고 경제성장률과 설비투자증감률(실질)의 단위는 %이다.

이 기간 동안 경제성장률과 설비투자증감률(실질)의 상관계수는 0.82를 나타내 경제성장률과 민간소비증감률(실질)의 경우 보다는 약간 낮지만 상당히 밀접한 관련성이 있는 것으로 나타났다.

시장 관계자들에 따르면 최근 물가상승률의 경우 수요에 의한 물가상승에 대한 압력수준이 적은 가운데 농산물가격이 하락하는 공급측면에 의한 요인으로 파악하고 있다. 따라서 일시적인 변동성(volatility)의 증가가 원인으로 풀이하고 있는 상황이다.

또한 세계적으로는 2008년과 2009년의 미국의 서브프라임 모기지 사태 이후의 경기의 상승적인 분위기로 인하여 생산의 과다로 인하여 물가가 낮은 상태가 이루어지고 있는 것으로 시장 전문가들은 파악하고 있다.

한국의 경우 건강 보험료가 낮아지는 것과 같은 이슈가 있으며, 2020년에는 소재와 같은 부문에서의 연구 및 개발과 관련된 예산편성이 증대될 가능성도 있을 것으로 보고 있다. 이는 장기적인 차원에서 경제성장의 기반적인 측면에서 촉진해 나갈 수 있는 경제의 선순환 구조와 연계된 것이다.

2020년의 경우 성장과 복지의 양 측면 모두 중요시하는 측면의 예산 편성이 이루어져 나갈 것으로 시장에서는 예상하고 있기도 하다. 세계적인 측면에서 볼 경우에 있어서도 대부분의 국가들에 있어서 물가가 안정된 흐름을 최근 보이고 있다.

2019년 10월 중순 들어 시장 관계자들에 따르면 한국의 인플레이션율이 다른 국가들과의 동조화 현상이 증대되고 있다고 보고 있다. 이는 실물시장과 금융시장에 이어 물가와 같은 가격변수에서도 세계적인 동조화 현상이 뚜렷해지고 있다는 것이다.

이는 세계적인 분업체제와 SCM 등 그리고 세계적인 규모의 경제와 같은 전자상거래업체의 경영과 4차 산업혁명 등이 함께 진행되고 있기 때문으로 보이기도 한다. 이와 같은 측면은 공급의 요인들을 감안할 경우 다시 물가상승 압력이 발생할 수도 있다고 시장 전문가들은 보고 있기도 하다.

그림 3-17 ▌ 거시경제 분석 지표 중 경제성장률과 설비투자증감률(실질)

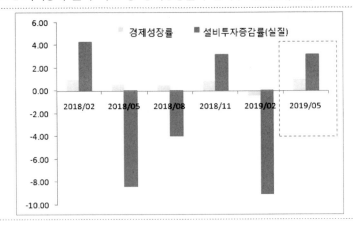

연습 문제

1. 인터넷관련 전문은행과 관련하여 남부유럽의 국가 효율성 측면 우수에 대하여 설명하시오.

정답

	내용적인 요인
인터넷관련 전문은행 : 남부유럽의 국가 효율성 측면 우수	현재까지 인터넷관련 전문은행의 수익성과 관련하여 데이터는 많지 않은 것으로 알려져 있다. 하지만 남부유럽의 국가를 중심으로 살펴볼 때, 전통적 은행영업 방식보다 효율성 측면에 있어서 인터넷관련 전문은행이 더 높은 것으로 알려져 있기도 하다.
	재무적인 지표에서 비용감소의 효과에 기인하는 것으로 알려져 있으며, 지점의 점포 없이도 운영이 가능하고 전통적인 은행영업 방식과 혼합된 형태로 진행되기도 하는 것으로 파악되고 있다.

2. 부동산(주택) 투자에서 장기적 측면과 단기적 측면에 대하여 설명하시오.

정답

	내용적인 요인
부동산(주택) 투자 : 장기적 측면과 단기적 측면	부동산(주택)의 구입에서 단기적인 시세차익은 부동산(주택)이 입지한 위치와 현재 구매한 부동산(주택)의 형태가 현재의 유용성 측면에서 부각되고 있는지가 중요한 것으로 시장에서는 판단하고 있다.
	향후 장기적으로 저평가되어 있는 지역의 경우 개발이 아직 덜 되어 있는 지역의 부동산(주택) 가치의 예측과 부동산(주택)이 개발될 가능성이 있는 지와 접근의 용이성 등을 면밀히 따져 보아 투자를 할지에 대하여 의사결정을 해 나가야 한다고 시장전문가들은 언급하고 있다.
	도시의 경우에 있어서는 개발 계획도 잘 살펴보아야 하고 규제와 건물의 높이와 같은 건축이 이루어질 때의 주변 환경과 관련된 법규도 잘 알아보아야 한다. 한국의 경우 30대의 아파트 투자의 매매거래에서 2019년 상반기보다 2019년 7월부터 8월까지의 다소 높은 수준을 보이는 것으로 나타나고 있다.

3. 금융과 실물투자의 포트폴리오에서 동산에 관한 투자신탁 상품과 부동산펀드에 대하여 설명하시오.

정답

	내용적인 요인
금융과 실물투자의 포트폴리오 : 동산에 관한 투자신탁 상품과 부동산펀드	금융과 실물투자는 포트폴리오 차원과 금융기관의 겸영, 파생상품의 구성 체계 등으로 인하여 투자 차원에서 구분하는 것이 무의미해지고 있다. 부동산의 경우에도 부동산 관련 펀드도 있다. 금도 금펀드와 같은 상품도 있기도 하다.
	투자의 경우에 있어서는 경기변동과 같은 요인들도 면밀히 살펴보아야 한다. 2019년 10월 중순에 들어 현재 가장 수익률과 안정성의 측면에서 리츠라고 불리는 부동산에 관한 투자신탁 상품과 부동산펀드가 주목을 받고 있다.
	미국을 중심으로 세계의 각국 중앙은행(central bank)들이 금리인하 기조를 유지하고 있기 때문이다. 리츠를 포함하는 부동산펀드의 경우 장기적인 측면에 있어서 세계 경기의 침체 현상이 발생해도 현금흐름 측면에 있어서 유망한 투자 상품으로 분류되고 있다.
	이는 은행권의 정기예금에 비하여 수익률은 높고 위험(risk)을 줄일 수 있는 상품으로 알려져 있는 것도 원인이다. 리츠펀드의 경우 부동산의 투자회사로 여윳돈을 맡기고 이를 통하여 투자가 이루어지는 간접투자의 상품으로 분류된다.
	리츠와 관련된 펀드의 경우 수익이 발생할 경우 상당 부분을 투자자에 대하여 배당을 하는 것이 의무적이다. 이는 부동산의 투자회사에 대하여 주식을 매수하는 것이므로 회사의 가치 상승이 이루어지면 주가가 상승하게 되어 배당수익이 발생할 수 있는 체계이다. 한편 부동산과 관련된 펀드의 경우 수익률 제고에 따라 수익이 발생하는 구조이다.

4. 부동산과 금융 투자에서 한국의 경기변동상황에 대하여 설명하시오.

정답

	내용적인 요인
부동산과 금융 투자 : 한국의 경기변동상황	부동산과 금융 투자에 중요한 한국의 경기변동의 경우에 있어서 경기지표가 2019년 10월 중순까지의 데이터 상으로 변화가 없는 상황인 것으로 나타나고 있다. 그리고 소비자물가의 하락으로 인한 경기침체에 대한 우려상황도 일시적인 현상으로 전문가들은 판단하고 있는 상황이다.

5. 케인지안의 불완전고용과 균형에 대하여 설명하시오.

정답

	내용적인 요인
케인지안의 불완전고용과 균형	교과서적으로는 케인지안은 불균형, 즉 완전고용이 달성되기 이전에 투자와 생산 및 고용구조가 균형을 가질 수 있음을 지적하고 있다. 이는 '실업도 비자발적인 실업 상태에서의 균형이 가능한 고용 상태와 연계하여 생각해 볼 수 있는가?'와 관련되어 있는 것이다.
	비자발적인 실업이란 일하려는 의사를 갖고 있어도 유효수요가 모자라서 강제적으로 실업상태에 놓이게 되는 것을 의미한다. 그리고 유효수요는 '실제 지출을 통하여 물건이나 서비스를 구매할 수 있는 구매력(purchase power)을 가지고 있는가?'와 관련된 것이다.

혼합적인 은행과
기업금융의 발행 및 유통시장

제1절 보험 및 인터넷기반의 혼합적인 은행과 한국 오픈 뱅킹사업

그림 4-1 ▌ 유럽에 있어서 인터넷을 기반으로 하는 전문은행의 발전 양상

유럽에 있어서 인터넷을 기반으로 하는

전문은행의 경우

↓

폰뱅킹과 전통적인 방식의 금융업무까지 취급하면서

독립적인 기반의 인터넷을 기반으로 하는 전문은행이

오히려 줄어들고 있음

그림 4-2 ▌ 혼합적인 은행 모형의 전개과정

유럽에 있어서 인터넷을 기반으로 하는

전문은행의 경우

↓

혼합적인 은행 모형으로 인하여 발전해

나가고 있다는 것을 의미

↓

4차 산업혁명에 맞추어 기술이 개발되면

이에 맞추어 발전을 거듭해 나가고 있는 것

↓

정보통신 기술을 기반으로 하는 4차 산업혁명의

기술을 어느 인터넷을 기반으로 하는 전문은행이

먼저 습득하고 현장에서 잘 적용하느냐에

따라서 성과(performance)가 결정될 수 있음

유럽에 있어서 인터넷을 기반으로 하는 전문은행의 경우 폰뱅킹과 전통적인 방식의 금융업무까지 취급하면서 독립적인 기반의 인터넷을 기반으로 하는 전문은행이 오히려 줄어들고 있다.

이는 혼합적인 은행 모형으로 인하여 발전해 나가고 있다는 것을 의미한다. 그리고 4차 산업혁명에 맞추어 기술이 개발되면 이에 맞추어 발전을 거듭해 나가고 있는 것이다. 이와 같은 정보통신 기술을 기반으로 하는 4차 산업혁명의 기술을 어느 인터넷을 기반으로 하는 전문은행이 먼저 습득하고 현장에서 잘 적용하느냐에 따라서 성과(performance)가 결정되기도 한다.

한편 2019년 10월 중순 들어 한국의 경우에도 인터넷을 기반으로 하는 전문은행이 시중의 은행과 협업에 대하여 관심을 갖고 있다. 이는 시중의 은행이 가지고 있는 자본과 금융업을 먼저 진행해 본 경험 등이 장점이기 때문이다.

그림 4-3 ▌ 한국의 인터넷을 기반으로 하는 전문은행과 시중은행의 협업 가능성의 관계

2019년 10월 중순 들어 한국의 경우

↓

인터넷을 기반으로 하는 전문은행이
시중의 은행과 협업에 대하여 관심

↓

시중의 은행이 가지고 있는 자본과
금융업을 먼저 진행해 본 경험 등이
장점이기 때문

표 4-1 ▌ 유럽과 한국의 인터넷을 기반으로 하는 전문은행

	내용적인 요인
유럽과 한국의 인터넷을 기반으로 하는 전문은행	유럽에 있어서 인터넷을 기반으로 하는 전문은행의 경우 폰뱅킹과 전통적인 방식의 금융업무까지 취급하면서 독립적인 기반의 인터넷을 기반으로 하는 전문은행이 오히려 줄어들고 있다.
	이는 혼합적인 은행 모형으로 인하여 발전해 나가고 있다는 것을 의미한다. 그리고 4차 산업혁명에 맞추어 기술이 개발되면 이에 맞추어 발전을 거듭해 나가고 있는 것이다. 이와 같은 정보통신 기술을 기반으로 하는 4차 산업혁명의 기술을 어느 인터넷을 기반으로 하는 전문은행이 먼저 습득하고 현장에서 잘 적용하느냐에 따라서 성과(performance)가 결정되기도 한다.
	2019년 10월 중순 들어 한국의 경우에도 인터넷을 기반으로 하는 전문은행이 시중의 은행과 협업에 대하여 관심을 갖고 있다. 이는 시중의 은행이 가지고 있는 자본과 금융업을 먼저 진행해 본 경험 등이 장점이기 때문이다.

4차 산업혁명과 관련하여서는 블록체인의 발전가능성이 높게 평가되고 있는 것이 현실인데, 한국에서는 광역시 차원에서 특구지정의 계획과 이와 같은 요인들로 인하여 향후지역권련 화폐 등으로 블록체인의 중심적인 역할을 해 나갈 것으로 기대를 갖게 하고 있는 상황이다.

그림 4-4 ┃ 4차 산업혁명과 한국의 광역시 차원의 발전 모형의 관계도

4차 산업혁명

↓

블록체인의 발전가능성이 높게
평가되고 있는 것이 현실

↓

한국에서는 광역시 차원에서
특구지정의 계획과 이와 같은 요인들로 인하여
향후지역관련 화폐 등으로 블록체인의
중심적인 역할을 해 나갈 것으로 기대를
갖게 하고 있는 상황

표 4-2 ┃ 4차 산업혁명과 한국의 광역시 차원의 발전 모형

	내용적인 요인
4차 산업혁명과 한국의 광역시 차원의 발전 모형	4차 산업혁명과 관련하여서는 블록체인의 발전가능성이 높게 평가되고 있는 것이 현실인데, 한국에서는 광역시 차원에서 특구지정의 계획과 이와 같은 요인들로 인하여 향후지역관련 화폐 등으로 블록체인의 중심적인 역할을 해 나갈 것으로 기대를 갖게 하고 있는 상황이다.

인터넷을 기반으로 하는 전문은행을 포함하여 금융부문의 발전은 부동산펀드와 같은 상품들을 매개체로 하여 실물부문과 밀접히 포트폴리오가 구성되고 진행되어 금융부문과 별도로 실물부문을 투자 상품으로 분류할 필요성이 줄어들고 있다.

이와 같은 부동산(주택)을 비롯한 실물부문에 대한 투자의 경우 각종 정책과 세금을 비롯한 제도적인 부분에서 많은 영향을 받고 있다. 또한 도시개발(urban planning)을 비롯하여 사회간접투자도 영향을 줄 수 있다.

그림 4-5 ▌ 금융부문과 실물부문의 연계적인 발전 양상

인터넷을 기반으로 하는 전문은행을 포함하여

금융부문의 발전

↓

부동산펀드와 같은 상품들을 매개체로 하여 실물부문과

밀접히 포트폴리오가 구성되고 진행

↓

금융부문과 별도로 실물부문을 투자 상품으로

분류할 필요성이 줄어들고 있음

그림 4-6 ▌ 부동산(주택)을 비롯한 실물부문에 대한 투자와 세금 및 도시개발 투자

부동산(주택)을 비롯한 실물부문에 대한 투자의 경우

↓

각종 정책과 세금을 비롯한

제도적인 부분에서 많은 영향을 받고 있음

↓

도시개발(urban planning)을 비롯하여

사회간접투자도 영향을 줄 수 있음

그림 4-7 ▌ 부동산(주택)에 영향 : 편리성과 교통 및 병원시설, 4차 산업혁명

편리성과 같은 측면

↓

부동산(주택)에 영향

↓

향후에는 한국의 경우 외국에서와 같이

4차 산업혁명에 의한 혜택이 어디에 더 많이

주어지는지도 부동산(주택) 가격에 영향을

줄 수 있음

그리고 편리성과 같은 측면도 부동산(주택)에는 영향을 줄 수 있는데, 한국의 서울에서도 교통시설과 대형병원 등과 같은 입지적인 요인이 영향을 주기도 한다. 그리고 향후에는 한국의 경우 외국에서와 같이 4차 산업혁명에 의한 혜택이 어디에 더 많이 주어지는지도 부동산(주택) 가격에 영향을 줄 수 있다.

그리고 무엇보다 부동산(주택) 가격에는 미국을 비롯한 세계적인 현상이 교육시설이 어디에 위치해 있는지도 중요한 변수가 되기도 한다. 이는 한국의 경우 학교뿐 아니라 학원과의 인접성도 영향을 주기도 한다.

그림 4-8 ▌ 부동산(주택) 가격과 교육시설의 관계도

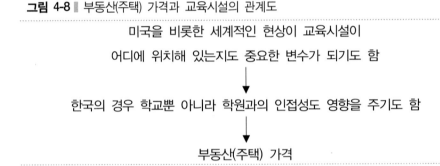

미국을 비롯한 세계적인 현상이 교육시설이
어디에 위치해 있는지도 중요한 변수가 되기도 함

↓

한국의 경우 학교뿐 아니라 학원과의 인접성도 영향을 주기도 함

↓

부동산(주택) 가격

그 밖에도 부동산(주택) 가격에는 문화시설을 비롯하여 스포츠를 즐길 수 있는 요소도 영향을 줄 수도 있으며, 부동산(주택) 주변에 대형시장이 있는지와 마트와의 접근성도 부동산(주택) 가격 형성에 요소가 되고 있다.

그림 4-9 ▌ 부동산(주택) 가격과 문화를 포함한 스포츠 시설, 대형시장 및 마트와의 관계

문화시설을 비롯하여 스포츠를 즐길 수 있는 요소도
영향을 줄 수도 있음

↓

부동산(주택) 주변에 대형시장이 있는지와
마트와의 접근성도 부동산(주택) 가격 형성에 요소가 되고 있음

↓

부동산(주택) 가격

또한 부동산(주택) 주변에 기업들이 많이 있는지와 정책적인 측면으로 금융서비스를 잘 받을 수 있는 상황인지와 건설경기(construction business)도 부동산(주택) 가격의 변화와 함께 영향을 주기도 하고 받기도 할 수 있는 요소이다.

그림 4-10 ▮ 부동산(주택) 가격의 변화와 여기에 영향을 주는 요인들의 관계

부동산(주택) 주변에 기업들이 많이 있는지와

정책적인 측면으로 금융서비스를 잘 받을 수 있는 상황인지와

건설경기(construction business)의 요인

↓

부동산(주택) 가격의 변화

표 4-3 ▮ 부동산(주택) 가격 형성에 미치는 요인들에 관한 분석

	내용적인 요인
부동산(주택) 가격 형성에 미치는 요인들에 관한 분석	인터넷을 기반으로 하는 전문은행을 포함하여 금융부문의 발전은 부동산펀드와 같은 상품들을 매개체로 하여 실물부문과 밀접히 포트폴리오가 구성되고 진행되어 금융부문과 별도로 실물부문을 투자상품으로 분류할 필요성이 줄어들고 있다.
	이와 같은 부동산(주택)을 비롯한 실물부문에 대한 투자의 경우 각종 정책과 세금을 비롯한 제도적인 부분에서 많은 영향을 받고 있다. 또한 도시개발(urban planning)을 비롯하여 사회간접투자도 영향을 줄 수 있다.
	편리성과 같은 측면도 부동산(주택)에는 영향을 줄 수 있는데, 한국의 서울에서도 교통시설과 대형병원 등과 같은 입지적인 요인이 영향을 주기도 한다. 그리고 향후에는 한국의 경우 외국에서와 같이 4차 산업혁명에 의한 혜택이 어디에 더 많이 주어지는지도 부동산(주택) 가격에 영향을 줄 수 있다.
	무엇보다 부동산(주택) 가격에는 미국을 비롯한 세계적인 현상이 교육시설이 어디에 위치해 있는지도 중요한 변수가 되기도 한다. 이는 한국의 경우 학교뿐 아니라 학원과의 인접성도 영향을 주기도 한다.
	부동산(주택) 가격에는 문화시설을 비롯하여 스포츠를 즐길 수 있는 요소도 영향을 줄 수도 있으며, 부동산(주택) 주변에 대형시장이 있는지와 마트와의 접근성도 부동산(주택) 가격 형성에 요소가 되고 있다.

부동산(주택) 주변에 기업들이 많이 있는지와 정책적인 측면으로 금융서비스를 잘 받을 수 있는 상황인지와 건설경기(construction business)도 부동산(주택) 가격의 변화와 함께 영향을 주기도 하고 받기도 할 수 있는 요소이다.

그림 4-11 ▌거시경제 분석 지표 중 경제성장률과 건설투자증감률(실질)

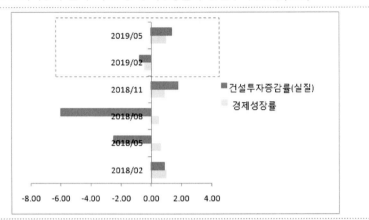

(그림 4-11)에는 거시경제 분석 지표 중 경제성장률과 건설투자증감률(실질)이 나타나 있다. 여기서 기간은 2018년 2월과 5월, 8월, 11월 및 2019년 2월과 5월이다. 자료는 한국은행에서 제공하는 경제통계시스템인 간편 검색을 통하여 구한 수치이다. 그리고 경제성장률과 건설투자증감률(실질)의 단위는 %이다.

이 기간 동안 경제성장률과 건설투자증감률(실질)의 상관계수는 0.36을 나타내 경제성장률과 민간소비증감률(실질)과 설비투자증감률(실질)의 경우보다는 분석 기간 동안 경제성장률과의 상관성이 다소 낮은 것으로 나타났다. 한편 2019년 10월 중순 들어 전라도 지역과 충청도 지역의 경우 주택시장과 관련하여 향후 어느 정도 호조세를 보일 수도 있을 것으로 시장에서 전망을 하고 있기도 한 상황이다.

(그림 4-12)에는 거시경제 분석 지표 중 경제성장률(좌축)과 총저축률(우축)이 나타나 있다. 여기서 기간은 2018년 2월과 5월, 8월, 11월 및 2019년 2월과 5월이다. 자료는 한국은행에서 제공하는 경제통계시스템인 간편 검색을 통하여 구한 수치이다. 그리고 경제성장률과 총저축률의 단위는 %이다.

이 기간 동안 경제성장률과 총저축률의 상관계수는 0.35를 나타내 경제성장률과 민간소비증감률(실질)과 설비투자증감률(실질), 건설투자증감률(실질)의 경우보다는 분석 기간 동안 경제성장률과의 상관성이 다소 낮은 것으로 나타났다. 한편 여기서 총저축률은 국민경제(national economy)의 전체부분에서 처분 가능한 소득부분이 소비가 이루어지지 않고 당해 연도에 남게 된 부분이다.

고전학파에서는 투자요인이 저축요인보다 클 경우에 있어서 이자율(interest rate)이 오를 수 있고 이것과 반대국면에 있어서는 이자율이 하락할 수 있다고 지적하고 있다. 즉 투자 및 저축의 경우 이자율이 변화하여 균등한 이자율 수준이 결정되는데 이 경우에 있어서 투자와 저축이 일치하게 되고 이는 투자와 저축의 이자율에 관한 결정이론이라 일컬어지고 있는 것이다.

이 이론에 있어서는 이자율이 변화할 때 투자와 저축의 변동의 경우 소득수준이 변하지 않는다는 전제조건이 있었지만 케인즈에 이르러서는 이와 같은 가정은 불성립한다고 하고 투자와 저축의 소득에 대한 결정이론을 주장하게 된다.

2019년 10월 중순 들어 부동산에 흘러갔던 가계들의 여유자금이 저축으로 이동하고 있는 현상도 있다고 시장 전문가들은 파악하고 있다. 이와 같이 현금흐름은 수익률과 제반 여건 들에 의하여 금융과 실물부문을 통하여 한쪽으로만 흐르지는 않고 쌍방향으로 이동할 수도 있는 것이다.[1]

그림 4-12 ▌거시경제 분석 지표 중 경제성장률(좌축)과 총저축률(우축)

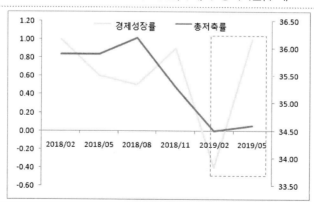

---

1 Research Gate(2013), Stem in Israel.

그림 4-13 ▌ 인터넷관련 전문은행들의 혼합적인 영업 방식의 체계

몇몇 유럽에서 적용하고 있는

인터넷관련 전문은행들의 경우

↓

독자적인 인터넷관련 전문은행들이

없는 가운데 전통적인 은행과의 혼합적인

영업 방식으로 운영

표 4-4 ▌ 보험 및 인터넷관련 전문은행들의 혼합적인 영업 방식

	내용적인 요인
보험 및 인터넷관련 전문은행들의 혼합적인 영업 방식	몇몇 유럽에서 적용하고 있는 인터넷관련 전문은행들은 독자적인 인터넷관련 전문은행들이 없는 가운데 전통적인 은행과의 혼합적인 영업 방식으로 운영하고 있는 것으로 알려져 있다.
	금융의 축은 크게 은행과 증권, 보험 등인데, 보험회사가 소유하고 있는 인터넷관련 전문은행들도 유럽에는 존재하고 있는 양상이다. 대부분 이들 유럽의 인터넷관련 전문은행들을 포함한 전통적인 은행과의 혼합적인 형태의 은행들은 서비스의 양상과 이들 은행이 취급하고 있는 상품들 및 점포의 크기측면에서 비슷한 양상을 보여주고 있다. 따라서 이들 혼합적인 은행들은 고유한 예금부터 다양한 상품들을 취급하고 있는 것이다.

그림 4-14 ▌ 보험 및 인터넷관련 전문은행들의 혼합적인 영업 방식의 양상

금융의 축은 크게 은행과 증권, 보험 등

보험회사가 소유하고

있는 인터넷관련 전문은행들도

유럽에는 존재하고 있는 양상

↓

대부분 이들 유럽의 인터넷관련 전문은행들을

포함한 전통적인 은행과의 혼합적인 형태의 은행들은

서비스의 양상과 이들 은행이 취급하고 있는 상품들 및

점포의 크기측면에서 비슷한 양상

앞에서 언급한 바와 같이 몇 몇 유럽에서 적용하고 있는 인터넷관련 전문은행들은 독자적인 인터넷관련 전문은행들이 없는 가운데 전통적인 은행과의 혼합적인 영업 방식으로 운영하고 있는 것으로 알려져 있다.

한편 금융의 축은 크게 은행과 증권, 보험 등인데, 보험회사가 소유하고 있는 인터넷관련 전문은행들도 유럽에는 존재하고 있는 양상이다. 대부분 이들 유럽의 인터넷관련 전문은행들을 포함한 전통적인 은행과의 혼합적인 형태의 은행들은 서비스의 양상과 이들 은행이 취급하고 있는 상품들 및 점포의 크기측면에서 비슷한 양상을 보여주고 있다. 따라서 이들 혼합적인 은행들은 고유한 예금부터 다양한 상품들을 취급하고 있는 것이다.

실물자산과 연계된 부동산관련 펀드를 비롯한 금융상품의 경우 배당금과 매매 시의 처분 이익 등으로 수익이 발생되게 된다. 부동산(주택)의 경우 이와 연계된 건설경기의 변동에 따라 투자 시기 등이 결정되기도 하며, 단기적인 성격보다는 장기적인 성격에 있어서 보다 큰 가치가 발생하게 되기도 한다. 이는 한국뿐 아니라 미국을 포함한 세계적인 현상이기도 하다.

따라서 부동산(주택)에 대한 직접적인 투자와 부동산관련 펀드 등에 대한 간접적인 투자 형식도 있을 수 있다. 부동산(주택)에 대한 직접적인 투자에 의한 성과는 임대료로 인하여 발생하기도 한다. 부동산(주택)에 대한 투자의 장점으로는 위험이 낮다는 점도 이들 국가들에서 발생한 경험도 있는 상황이다.

그림 4-15 ┃ 부동산(주택) 투자의 장기적인 성격

실물자산과 연계된 부동산관련 펀드를 비롯한 금융상품의
경우 배당금과 매매 시의 처분 이익 등으로 수익이 발생

↓

부동산(주택)의 경우 이와 연계된 건설경기의
변동에 따라 투자 시기 등이 결정

↓

단기적인 성격보다는 장기적인 성격에 있어서 보다 큰 가치가 발생

↓

한국뿐 아니라 미국을 포함한 세계적인 현상

그림 4-16 ▎ 부동산(주택) 투자의 장점

부동산(주택)에 대한 직접적인 투자와

부동산관련 펀드 등에 대한 간접적인 투자

↓

부동산(주택)에 대한 직접적인 투자에 의한 성과는

임대료로 인하여 발생

↓

부동산(주택)에 대한 투자의 장점으로는 위험이

낮다는 점도 이들 국가들에서 발생한

경험도 있는 상황

표 4-5 ▎ 부동산(주택)에 대한 직접적인 투자와 간접적인 투자 형식

	내용적인 요인
부동산(주택)에 대한 직접적인 투자와 간접적인 투자 형식	실물자산과 연계된 부동산관련 펀드를 비롯한 금융상품의 경우 배당금과 매매 시의 처분 이익 등으로 수익이 발생되게 된다. 부동산(주택)의 경우 이와 연계된 건설경기의 변동에 따라 투자 시기 등이 결정되기도 하며, 단기적인 성격보다는 장기적인 성격에 있어서 보다 큰 가치가 발생하게 되기도 한다. 이는 한국뿐 아니라 미국을 포함한 세계적인 현상이기도 하다.
	부동산(주택)에 대한 직접적인 투자와 부동산관련 펀드 등에 대한 간접적인 투자 형식도 있을 수 있다. 부동산(주택)에 대한 직접적인 투자에 의한 성과는 임대료로 인하여 발생하기도 한다. 부동산(주택)에 대한 투자의 장점으로는 위험이 낮다는 점도 이들 국가들에서 발생한 경험도 있는 상황이다.

인터넷관련 전문은행의 경우 한국에서는 2019년 10월 중순 들어 신규의 인가에 대하여 희망적인 전망을 시장에서 하고 있다. 또한 예비의 인가를 받기 위하여 시중의 은행과의 협력방안이 논의되고 있는 상황이다.

표 4-6 ▮ 인터넷관련 전문은행의 경우 예비의 인가를 받기 위한 시중의 은행과 협력방안

	내용적인 요인
인터넷관련 전문은행의 경우 예비의 인가를 받기 위한 시중의 은행과의 협력방안	인터넷관련 전문은행의 경우 한국에서는 2019년 10월 중순 들어 신규의 인가에 대하여 희망적인 전망을 시장에서 하고 있다. 또한 예비의 인가를 받기 위하여 시중의 은행과의 협력방안이 논의되고 있는 상황이다.

그림 4-17 ▮ 인터넷관련 전문은행의 경우 예비의 인가를 받기 위한 시중의 은행과 협력

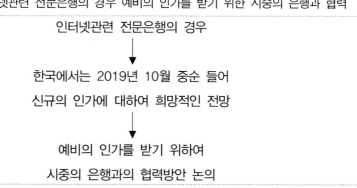

현재 진행 중인 오픈뱅킹과 관련하여서는 은행의 경우에 있어서도 개방형의 플랫폼(platform) 사업의 진행에 대하여 일부 시장전문가들의 의견이 나오고 있다. 이는 주 거래의 은행에 대한 개념이 약화되는 것을 비롯하여 은행들에 있어서 이체와 조회업무 등에 있어서 변화가 일어날 것으로 보고 있기 때문이기도 하다.

이는 핸드폰의 앱을 통한 업무에 있어서의 고도화로 은행과 증권 및 보험, 카드를 통한 하나의 거래의 복합적인 금융시대로 접어들 것이기 때문이라고 시장에서는 보고 있는 것이다.

이와 같은 오픈뱅킹의 시스템이 소비자들에게 있어서 정보수집기관과의 정보공유를 통한 거래개선이 이루어지고 소비자들에게 친화적 서비스의 제공도 가능한 것으로 이들은 판단하고 있다.

그림 4-18 ▐ 오픈뱅킹과 개방형의 플랫폼 체계

현재 진행 중인 오픈뱅킹과 관련하여서는
은행의 경우에 있어서도 개방형의 플랫폼
(platform) 사업의 진행

↓

주 거래의 은행에 대한 개념이 약화되는 것을 비롯하여
은행들에 있어서 이체와 조회업무 등에 있어서 변화가
일어날 것으로 보고 있기 때문

그림 4-19 ▐ 핸드폰의 앱을 통한 업무에 있어서의 고도화 및 거래의 복합적인 금융상품

핸드폰의 앱을 통한 업무에 있어서의 고도화

↓

은행과 증권 및 보험, 카드를 통한 하나의 거래의
복합적인 금융시대로 접어들 것이기 때문

그림 4-20 ▐ 오픈뱅킹의 시스템에 의한 긍정적인 효과의 가능성

오픈뱅킹의 시스템

↓

소비자들에게 있어서 정보수집기관과의 정보공유를
통한 거래개선이 이루어지고 소비자들에게
친화적 서비스의 제공도 가능

오픈뱅킹의 경우 예를 들어 서드(3rd) 파티(party)의 개발자가 은행의 애플리케이션(application)과 서비스(service)를 구축하는 데에 있어서 개방형의 API의 사용이 가능하게 하는 시스템으로 알려져 있다.

여기서 서드(3rd) 파티(party)의 개발자는 하드웨어의 생산업자와 소프트웨어의 개발자에 대한 관계의 의미이다. 그리고 API는 응용(application) 프로그래밍 (programming) 인터페이스(interface)는 응용의 프로그램을 통하여 활용하게 하도록 하는 프로그래밍의 언어와 운영의 체제가 주는 기능의 제어를 하도록 하는 인터페이스이다. 대부분 파일에 대한 제어를 하도록 도와주는 기능을 비롯한 인터페이스가 제공되고 있다.

그림 4-21 ▌ 오픈뱅킹의 시스템 구현 체계

오픈뱅킹의 경우

↓

예를 들어 서드(3rd) 파티(party)의 개발자가 은행의
애플리케이션(application)과 서비스(service)를 구축하는
데에 있어서 개방형의 API의 사용이
가능하게 하는 시스템

그림 4-22 ▌ 오픈뱅킹의 시스템 구현을 위한 구성 체계

오픈뱅킹의 경우

↓

서드(3rd) 파티(party)의 개발자는 하드웨어의 생산업자와
소프트웨어의 개발자에 대한 관계

↓

API는 응용(application) 프로그램밍(programming)
인터페이스(interface)는 응용의 프로그램을 통하여
활용하게 하도록 하는 프로그래밍의 언어와 운영의
체제가 주는 기능의 제어를 하도록 하는 인터페이스

↓

대부분 파일에 대한 제어를 하도록 도와주는
기능을 비롯한 인터페이스 제공

표 4-7 ┃ 오픈뱅킹의 시스템과 개방형의 플랫폼 사업

	내용적인 요인
오픈뱅킹의 시스템과 개방형의 플랫폼 사업	현재 진행 중인 오픈뱅킹과 관련하여서는 은행의 경우에 있어서도 개방형의 플랫폼(platform) 사업의 진행에 대하여 일부 시장전문가들의 의견이 나오고 있다. 이는 주 거래의 은행에 대한 개념이 약화되는 것을 비롯하여 은행들에 있어서 이체와 조회업무 등에 있어서 변화가 일어날 것으로 보고 있기 때문이기도 하다.
	이는 핸드폰의 앱을 통한 업무에 있어서의 고도화로 은행과 증권 및 보험, 카드를 통한 하나의 거래의 복합적인 금융시대로 접어들 것이기 때문이라고 시장에서는 보고 있는 것이다.
	이와 같은 오픈뱅킹의 시스템이 소비자들에게 있어서 정보수집기관과의 정보공유를 통한 거래개선이 이루어지고 소비자들에게 친화적 서비스의 제공도 가능할 것으로 이들은 판단하고 있다.
	오픈뱅킹의 경우 예를 들어 서드(3rd) 파티(party)의 개발자가 은행의 애플리케이션(application)과 서비스(service)를 구축하는 데에 있어서 개방형의 API의 사용이 가능하게 하는 시스템으로 알려져 있다.
	여기서 서드(3rd) 파티(party)의 개발자는 하드웨어의 생산업자와 소프트웨어의 개발자에 대한 관계의 의미이다. 그리고 API는 응용(application) 프로그래밍(programming) 인터페이스(interface)는 응용의 프로그램을 통하여 활용하게 하도록 하는 프로그래밍의 언어와 운영의 체제가 주는 기능의 제어를 하도록 하는 인터페이스이다. 대부분 파일에 대한 제어를 하도록 도와주는 기능의 비롯한 인터페이스가 제공되고 있다.

한편 부동산(주택)관련 투자에 있어서는 2019년 10월 중순 들어 아파트를 중심으로 매매가격의 상승과 전세가격의 안정현상 등이 발생되고 있는데 앞서 언급한 바와 같이 건설경기의 변동과 관련하여서도 잘 살펴볼 필요가 있다고 시장 전문가들은 판단하고 있다.

표 4-8 ▮ 부동산(주택)관련 투자의 동향

	내용적인 요인
부동산(주택)관련 투자의 동향	부동산(주택)관련 투자에 있어서는 2019년 10월 중순 들어 아파트를 중심으로 매매가격의 상승과 전세가격의 안정현상 등이 발생되고 있는데 앞서 언급한 바와 같이 건설경기의 변동과 관련하여서도 잘 살펴볼 필요가 있다고 시장 전문가들은 판단하고 있다.

그림 4-23 ▮ 부동산(주택)관련 투자의 동향

부동산(주택)관련 투자

↓

2019년 10월 중순 들어 아파트를 중심으로 매매가격의
상승과 전세가격의 안정현상 등이 발생되고 있는데 앞서
언급한 바와 같이 건설경기의 변동과 관련하여서도
잘 살펴볼 필요성 상존

그림 4-24 ▮ 거시경제 분석 지표 중 경제성장률(우축)과 총투자율(좌축)

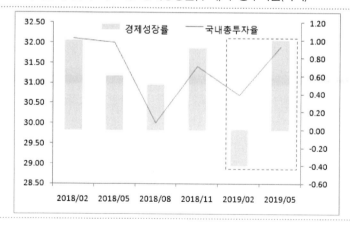

(그림 4-24)에는 거시경제 분석 지표 중 경제성장률(우축)과 총투자율(좌축)이 나타나 있다. 여기서 기간은 2018년 2월과 5월, 8월, 11월 및 2019년 2월과 5월이다. 자료는 한국은행에서 제공하는 경제통계시스템인 간편 검색을 통하여 구

한 수치이다. 그리고 경제성장률과 총투자율의 단위는 %이다.

이 기간 동안 경제성장률과 총투자율의 상관계수는 0.59를 나타내 경제성장률과 총저축률의 상관관계보다 밀접한 것을 알 수 있다. 여기서 총투자율은 국민총생산 중 총자본형성이 어느 정도를 차지하는지와 관련된 비율이다.

저축과 투자의 항등식으로부터 총투자율이 총저축률과 같게 된다. 따라서 궁극적으로 경제성장률은 총자본형성률인 총투자율을 자본계수로 나눈 값으로 판단된다. 따라서 경제성장률이 증가하려면 총투자율이 상승하든지 혹은 자본계수의 값이 낮아지면 가능하게 된다는 의미이기도 하다.

여기서 국민총생산은 어느 기간 동안에 한 나라에 있어서의 국민경제에서 생산한 최종생산물인 총계의 시장가치에 대하여 화폐단위에 의하여 표시한 것이다. 그리고 총자본형성은 기업이 기계와 공장 등 자본재 지출에 해당하는 국내의 민간투자 및 정부가 정부 및 기업에 의하여 자본재구입에 투자하는 경우인데 이와 같은 것들을 합하여 총투자라고 부르기도 한다. 또한 자본계수는 어느 기간의 이내에 생산량을 자본량으로 나눈 비율을 의미한다.

(그림 4−25)에는 거시경제 분석 지표 중 경제성장률(좌축)과 제조업 평균가동률(우축)이 나타나 있다. 여기서 기간은 2018년 2월과 5월, 8월, 11월 및 2019년 2월과 5월이다. 자료는 한국은행에서 제공하는 경제통계시스템인 간편 검색을 통하여 구한 수치이다. 그리고 경제성장률과 제조업 평균가동률의 단위는 %이다.

이 기간 동안 경제성장률과 제조업 평균가동률의 상관계수는 0.49를 나타내 경제성장률과 총투자율의 상관관계보다 약간 덜 밀접한 것을 알 수 있다. 2019년 10월 중순에 들어 한국의 경제에 있어서 인력고용 흡수력이 높은 중소기업(middle and small companies)들에 대한 정책자금의 지원 정책이 중요하다고 일부 시장전문가들은 보고 있기도 하다.

이들은 여기에 있어서 정책자금의 중소기업에 대한 지원의 경우 단계적인 확대방안도 포함될 수 있다고 주장하고 있다. 이들은 이와 같은 중소기업의 정책 자금의 경우 시장실패(market failure)에 대한 치유의 측면에서도 중요하다고 보고 있기도 하다.

그림 4-25 ▌ 거시경제 분석 지표 중 경제성장률(좌축)과 제조업 평균가동률(우축)

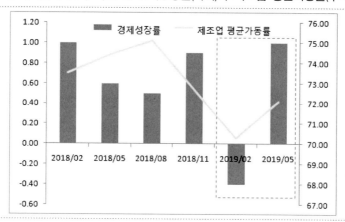

저축과 투자의 항등식으로부터 총투자율이 총저축률과 같게 된다. 따라서 궁극적으로 경제성장률은 총자본형성률인 총투자율을 자본계수로 나눈 값으로 판단된다. 따라서 경제성장률이 증가하려면 총투자율이 상승하든지 혹은 자본계수의 값이 낮아지면 가능하게 된다는 의미이기도 하다.

그림 4-26 ▌ 경제성장률과총투자율의 상승 관계도

저축과 투자의 항등식으로부터
총투자율이 총저축률과 같게 됨

↓

궁극적으로 경제성장률은 총자본형성률인
총투자율을 자본계수로 나눈 값으로 판단

↓

경제성장률이 증가하려면 총투자율이 상승
하든지 혹은 자본계수의 값이 낮아지면
가능하게 된다는 의미

표 4-9 ┃ 경제성장률과총투자율의 상승 관계

	내용적인 요인
경제성장률과 총투자율의 상승 관계	저축과 투자의 항등식으로부터 총투자율이 총저축률과 같게 된다. 따라서 궁극적으로 경제성장률은 총자본형성률인 총투자율을 자본계수로 나눈 값으로 판단된다. 따라서 경제성장률이 증가하려면 총투자율이 상승하든지 혹은 자본계수의 값이 낮아지면 가능하게 된다는 의미이기도 하다.

여기서 국민총생산은 어느 기간 동안에 한 나라에 있어서의 국민경제에서 생산한 최종생산물인 총계의 시장가치에 대하여 화폐단위에 의하여 표시한 것이다. 그리고 총자본형성은 기업이 기계와 공장 등 자본재 지출에 해당하는 국내의 민간투자 및 정부가 정부 및 기업에 의하여 자본재구입에 투자하는 경우인데 이와 같은 것들을 합하여 총투자라고 부르기도 한다. 또한 자본계수는 어느 기간의 이내에 생산량을 자본량으로 나눈 비율을 의미한다.

표 4-10 ┃ 국민총생산과 총자본형성, 자본계수

	내용적인 요인
국민총생산과 총자본형성, 자본계수	국민총생산은 어느 기간 동안에 한 나라에 있어서의 국민경제에서 생산한 최종생산물인 총계의 시장가치에 대하여 화폐단위에 의하여 표시한 것이다. 그리고 총자본형성은 기업이 기계와 공장 등 자본재 지출에 해당하는 국내의 민간투자 및 정부가 정부 및 기업에 의하여 자본재구입에 투자하는 경우인데 이와 같은 것들을 합하여 총투자라고 부르기도 한다. 또한 자본계수는 어느 기간의 이내에 생산량을 자본량으로 나눈 비율을 의미한다.

그림 4-27 ┃ 국민총생산의 개념

국민총생산

↓

어느 기간 동안에 한 나라에 있어서의 국민경제에서
생산한 최종생산물인 총계의 시장가치에 대하여 화폐단위에 의하여 표시

그림 4-28 ▌ 총자본형성의 개념

총자본형성

↓

기업이 기계와 공장 등 자본재 지출에
해당하는 국내의 민간투자 및 정부가
정부 및 기업에 의하여 자본재구입에
투자하는 경우인데 이와 같은 것들을 합하여
총투자라고 부르기도 함

그림 4-29 ▌ 자본계수의 개념

자본계수

↓

어느 기간의 이내에 생산량을
자본량으로 나눈 비율을 의미

| 제2절 | 기업금융과 발행 및 유통시장, 4차 산업혁명 |

기업금융과 관련하여서는 유동자산과 자본구조 등과 밀접한 관련성을 갖고 있다. 특히 기업들이 자금을 조달하는 데에 있어서 각 국가 단위에서의 위험도를 비롯하여 향후 시장에서의 금리 추세의 변화 등이 매우 중요한 요소이기도 하다. 그리고 이에 따른 채권 발행을 비롯하여 이를 토대로 한 프로젝트의 진행 요소까지 감안되는 것이다.

그림 4-30 ▌기업금융과 유동자산과 자본구조 등과의 관련성

기업금융과 관련하여서는 유동자산과
자본구조 등과 밀접한 관련성

↓

기업들이 자금을 조달하는 데에 있어서
각 국가 단위에서의 위험도를 비롯하여
향후 시장에서의 금리 추세의 변화 등이
매우 중요한 요소

↓

이에 따른 채권 발행을 비롯하여 이를
토대로 한 프로젝트의 진행 요소까지 감안

한편 자본구조와 관련하여서는 최적자본구조와 관련된 이론이라는 것이 있다. 이는 기업들은 기업 가치에 있어서 극대화시키는 것이 목표인데, 이를 위하여 가중된 평균자본비용이 적게 드는 것 중 가장 적은 수준을 선택한다는 것이다. 이 경우에 있어서 최적자본구조와 관련된 이론은 자본비용에 대하여 최소 수준과 관련된 조합의 부채와 자기자본의 최적의 결합 상태를 이루게 된다는 이론인 것이다.

그림 4-31 ▌최적자본구조와 관련된 이론의 체계

자본구조와 관련하여 최적자본구조와 관련된 이론

↓

기업들은 기업 가치에 있어서 극대화시키는 것이
목표인데, 이를 위하여 가중된 평균자본비용이
적게 드는 것 중 가장 적은 수준을 선택

↓

최적자본구조와 관련된 이론은 자본비용에
대하여 최소 수준과 관련된 조합의 부채와
자기자본의 최적의 결합 상태를 이루게 된다는 이론

여기서 가중된 평균자본비용은 기업에 있어서의 자본비용인 보통주와 우선주, 부채 등과 관련하여 시장가치의 기준으로 총자본에서 차지하게 되는 자본구성비율인 가중치로 가중하여 평균하여 구한 것이다.

그림 4-32 ┃ 가중된 평균자본비용의 체계

가중된 평균자본비용

↓

기업에 있어서의 자본비용인 보통주와 우선주,
부채 등과 관련하여 시장가치의 기준으로
총자본에서 차지하게 되는 자본구성비율인
가중치로 가중하여 평균

따라서 유동부채와 유동자산의 관리 그리고 현금흐름까지 연계되는 자금관리가 핵심적인 요소이고, 이에 주식 형태로 투자하는 투자자들은 배당금을 통하여 이익의 분배 몫을 지급받게 되는 것이다.

여기서 유동부채는 정상 영업 주기나 1년의 기간 동안으로 하여 이 시점의 이내에 부채 또는 자원에 대한 이전관계로 상환예정인 채무상태를 의미한다. 그리고 정상영업의 주기는 제조 과정 중에 투입하게 되는 용역이나 재화를 구매하게 된 기간의 시작시점으로부터 최종의 생산물을 의미하는 제품판매를 통하여 판매한 대금을 회수하게 되는 기간까지를 의미하게 된다. 한편 유동자산은 고정자산과 달리 예금이나 현금 또는 1년의 기간 이내를 통하여 환금성이 있는 자산 등을 의미한다.

그림 4-33 ┃ 유동부채와 유동자산, 현금흐름의 관련성

유동부채와 유동자산의 관리 그리고 현금흐름까지
연계되는 자금관리가 핵심적인 요소

↓

주식 형태로 투자하는 투자자들은 배당금을
통하여 이익의 분배 몫을 지급받게 되는 것

그림 4-34 ▮ 유동부채의 체계

유동부채

↓

정상 영업 주기나 1년의 기간 동안으로 하여
이 시점의 이내에 부채 또는 자원에 대한
이전관계로 상환예정인 채무상태를 의미

그림 4-35 ▮ 정상영업 주기의 체계

정상영업의 주기

↓

제조 과정 중에 투입하게 되는 용역이나 재화를
구매하게 된 기간의 시작시점으로부터 최종의
생산물을 의미하는 제품판매를 통하여 판매한
대금을 회수하게 되는 기간까지를 의미

그림 4-36 ▮ 유동자산의 체계

유동자산

↓

고정자산과 달리 예금이나 현금 또는 1년의 기간
이내를 통하여 환금성이 있는 자산 등을 의미

그리고 기업금융과 세제 그리고 회사에 남게 되는 이익잉여금의 형태, 회사들의 자금조달과 관련하여 채권 및 주식발행 등이 관련되어 이루어진다. 이와 같은 증권형태에 대한 투자자들의 투자는 금융시장을 통하여 유통 및 거래의 형태로 이어지게 된다.

그림 4-37 ▌ 증권형태에 대한 투자

기업금융은 세제 그리고 회사에 남게 되는

이익잉여금의 형태, 회사들의 자금조달과 관련하여

채권 및 주식발행 등이 관련되어 이루어짐

↓

증권형태에 대한 투자자들의 투자는 금융시장을

통하여 유통 및 거래의 형태로 이어지게 됨

채권의 경우 기업금융과 관련하여 회사들은 보다 저렴하게 발행하는 것이 이익이 될 수 있고 투자자들은 보다 높은 수익을 얻는 것에 관심을 갖게 되는 것이다. 따라서 이와 같은 발행부문과 유통부문은 서로 밀접한 상호작용을 하게 되는 것이다.

그림 4-38 ▌ 발행부문과 유통부문의 상호작용

채권의 경우 기업금융과 관련하여 회사들은 보다

저렴하게 발행하는 것이 이익이 될 수 있고 투자자들은

보다 높은 수익을 얻는 것에 관심을 갖게 되는 것

↓

이와 같은 발행부문과 유통부문은

서로 밀접한 상호작용

여기에는 경기변동과 같은 요소가 영향을 줄 수도 있다. 이와 같은 기업금융과 같은 영역에 있어서는 많은 연구가 있고 기업 최고경영자의 의사결정에 있어서 계량경제학을 통한 보다 정교한 모형을 통한 예측기법을 활용하거나 전문가집단을 통한 델파이분석 기법 등 다양한 방법으로 의사결정과 집행에 따른 오차를 줄이도록 노력을 해 나가고 있다.

최근 들어 4차 산업혁명시대를 접어들어 빅 데이터를 활용한 분석 등으로 보

다 정교하고 세밀한 분석도 가능해지고 있기도 하다. 따라서 이와 같은 채권과 주식에 있어서 수익모형의 개발과 이를 통한 시뮬레이션의 결과 분석에 있어서는 통계적인 방법과 수학적인 방법 등이 모두 사용되어 분석에 활용되기도 하는 것이다.[2]

그림 4-39 ▎ 기업금융 시장에 대한 연구 체계

경기변동과 같은 ⟶ 기업금융 시장
요소가 영향

⟱

기업금융과 같은 영역에 있어서는 많은 연구가 있고
기업 최고경영자의 의사결정에 있어서
계량경제학을 통한 보다 정교한 모형을 통한
예측기법을 활용하거나 전문가집단을 통한
델파이분석 기법 등 다양한 방법으로 의사결정과
집행에 따른 오차를 줄이도록 노력

그림 4-40 ▎ 기업금융 시장에 대한 연구 및 활용

기업금융의 연구

⟱

최근 들어 4차 산업혁명시대를 접어들어
빅 데이터를 활용한 분석 등으로 보다
정교하고 세밀한 분석도 가능

⟱

이와 같은 채권과 주식에 있어서 수익모형의
개발과 이를 통한 시뮬레이션의 결과 분석에
있어서는 통계적인 방법과 수학적인 방법
등이 모두 사용되어 분석에 활용

---

2 SDI(2017), Edinburgh's tech hubs and communities.

표 4-11 ▌기업금융과 발행 및 유통시장, 4차 산업혁명

	내용적인 요인
기업금융과 발행 및 유통시장, 4차 산업혁명	기업금융과 관련하여서는 유동자산과 자본구조 등과 밀접한 관련성을 갖고 있다. 특히 기업들이 자금을 조달하는 데에 있어서 각 국가 단위에서의 위험도를 비롯하여 향후 시장에서의 금리 추세의 변화 등이 매우 중요한 요소이기도 하다. 그리고 이에 따른 채권 발행을 비롯하여 이를 토대로 한 프로젝트의 진행 요소까지 감안되는 것이다.
	자본구조와 관련하여서는 최적자본구조와 관련된 이론이라는 것이 있다. 이는 기업들은 기업 가치에 있어서 극대화시키는 것이 목표인데, 이를 위하여 가중된 평균자본비용이 적게 드는 것 중 가장 적은 수준을 선택한다는 것이다. 이 경우에 있어서 최적자본구조와 관련된 이론은 자본비용에 대하여 최소 수준과 관련된 조합의 부채와 자기자본의 최적의 결합 상태를 이루게 된다는 이론인 것이다.
	가중된 평균자본비용은 기업에 있어서의 자본비용인 보통주와 우선주, 부채 등과 관련하여 시장가치의 기준으로 총자본에서 차지하게 되는 자본구성비율인 가중치로 가중하여 평균하여 구한 것이다.
	따라서 유동부채와 유동자산의 관리 그리고 현금흐름까지 연계되는 자금관리가 핵심적인 요소이고, 이에 주식 형태로 투자하는 투자자들은 배당금을 통하여 이익의 분배 몫을 지급받게 되는 것이다.
	유동부채는 정상 영업 주기나 1년의 기간 동안으로 하여 이 시점의 이내에 부채 또는 자원에 대한 이전관계로 상환예정인 채무상태를 의미한다. 그리고 정상영업의 주기는 제조 과정 중에 투입하게 되는 용역이나 재화를 구매하게 된 기간의 시작시점으로부터 최종의 생산물을 의미하는 제품판매를 통하여 판매한 대금을 회수하게 되는 기간까지를 의미하게 된다. 한편 유동자산은 고정자산과 달리 예금이나 현금 또는 1년의 기간 이내를 통하여 환금성이 있는 자산 등을 의미한다.
	기업금융과 세제 그리고 회사에 남게 되는 이익잉여금의 형태, 회사들의 자금조달과 관련하여 채권 및 주식발행 등이 관련되어 이루어진다. 이와 같은 증권형태에 대한 투자자들의 투자는 금융시장을 통하여 유통 및 거래의 형태로 이어지게 된다.
	채권의 경우 기업금융과 관련하여 회사들은 보다 저렴하게 발행하는 것이 이익이 될 수 있고 투자자들은 보다 높은 수익을 얻는 것에 관심을 갖게 되는 것이다. 따라서 이와 같은 발행부문과 유통부문은 서로 밀접한 상호작용을 하게 되는 것이다.
	여기에는 경기변동과 같은 요소가 영향을 줄 수도 있다. 이와 같은 기업금융과 같은 영역에 있어서는 많은 연구가 있고 기업 최고경영

자의 의사결정에 있어서 계량경제학을 통한 보다 정교한 모형을 통한 예측기법을 활용하거나 전문가집단을 통한 델파이분석 기법 등 다양한 방법으로 의사결정과 집행에 따른 오차를 줄이도록 노력을 해 나가고 있다.

최근 들어 4차 산업혁명시대를 접어들어 빅 데이터를 활용한 분석 등으로 보다 정교하고 세밀한 분석도 가능해지고 있기도 하다. 따라서 이와 같은 채권과 주식에 있어서 수익모형의 개발과 이를 통한 시뮬레이션의 결과 분석에 있어서는 통계적인 방법과 수학적인 방법 등이 모두 사용되어 분석에 활용되기도 하는 것이다.

1. 유럽과 한국의 인터넷을 기반으로 하는 전문은행에 대하여 설명하시오.

정답

	내용적인 요인
유럽과 한국의 인터넷을 기반으로 하는 전문은행	유럽에 있어서 인터넷을 기반으로 하는 전문은행의 경우 폰뱅킹과 전통적인 방식의 금융업무까지 취급하면서 독립적인 기반의 인터넷을 기반으로 하는 전문은행이 오히려 줄어들고 있다.
	이는 혼합적인 은행 모형으로 인하여 발전해 나가고 있다는 것을 의미한다. 그리고 4차 산업혁명에 맞추어 기술이 개발되면 이에 맞추어 발전을 거듭해 나가고 있는 것이다. 이와 같은 정보통신 기술을 기반으로 하는 4차 산업혁명의 기술을 어느 인터넷을 기반으로 하는 전문은행이 먼저 습득하고 현장에서 잘 적용하느냐에 따라서 성과(performance)가 결정되기도 한다.
	2019년 10월 중순 들어 한국의 경우에도 인터넷을 기반으로 하는 전문은행이 시중의 은행과 협업에 대하여 관심을 갖고 있다. 이는 시중의 은행이 가지고 있는 자본과 금융업을 먼저 진행해 본 경험 등이 장점이기 때문이다.

2. 4차 산업혁명과 한국의 광역시 차원의 발전 모형에 대하여 설명하시오.

정답

	내용적인 요인
4차 산업혁명과 한국의 광역시 차원의 발전 모형	4차 산업혁명과 관련하여서는 블록체인의 발전가능성이 높게 평가되고 있는 것이 현실인데, 한국에서는 광역시 차원에서 특구 지정의 계획과 이와 같은 요인들로 인하여 향후지역관련 화폐 등으로 블록체인의 중심적인 역할을 해 나갈 것으로 기대를 갖게 하고 있는 상황이다.

3. 부동산(주택) 가격 형성에 미치는 요인들에 관한 분석에 대하여 설명하시오.

정답

	내용적인 요인
부동산(주택) 가격 형성에 미치는 요인들에 관한 분석	인터넷을 기반으로 하는 전문은행을 포함하여 금융부문의 발전은 부동산펀드와 같은 상품들을 매개체로 하여 실물부문과 밀접히 포트폴리오가 구성되고 진행되어 금융부문과 별도로 실물부문을 투자상품으로 분류할 필요성이 줄어들고 있다.
	이와 같은 부동산(주택)을 비롯한 실물부문에 대한 투자의 경우 각종 정책과 세금을 비롯한 제도적인 부분에서 많은 영향을 받고 있다. 또한 도시개발(urban planning)을 비롯하여 사회간접투자도 영향을 줄 수 있다.
	편리성과 같은 측면도 부동산(주택)에는 영향을 줄 수 있는데, 한국의 서울에서도 교통시설과 대형병원 등과 같은 입지적인 요인이 영향을 주기도 한다. 그리고 향후에는 한국의 경우 외국에서와 같이 4차 산업혁명에 의한 혜택이 어디에 더 많이 주어지는지도 부동산(주택) 가격에 영향을 줄 수 있다.
	무엇보다 부동산(주택) 가격에는 미국을 비롯한 세계적인 현상이 교육시설이 어디에 위치해 있는지도 중요한 변수가 되기도 한다. 이는 한국의 경우 학교뿐 아니라 학원과의 인접성도 영향을 주기도 한다.
	부동산(주택) 가격에는 문화시설을 비롯하여 스포츠를 즐길 수 있는 요소도 영향을 줄 수도 있으며, 부동산(주택) 주변에 대형시장이 있는지와 마트와의 접근성도 부동산(주택) 가격 형성에 요소가 되고 있다.
	부동산(주택) 주변에 기업들이 많이 있는지와 정책적인 측면으로 금융서비스를 잘 받을 수 있는 상황인지와 건설경기(construction business)도 부동산(주택) 가격의 변화와 함께 영향을 주기도 하고 받기도 할 수 있는 요소이다.

4. 보험 및 인터넷관련 전문은행들의 혼합적인 영업 방식에 대하여 설명하시오.

정답

	내용적인 요인
보험 및 인터넷관련 전문은행들의	몇 몇 유럽에서 적용하고 있는 인터넷관련 전문은행들은 독자적인 인터넷관련 전문은행들이 없는 가운데 전통적인 은행과의 혼합적인 영업 방식으로 운영하고 있는 것으로 알려져 있다.

	금융의 축은 크게 은행과 증권, 보험 등인데, 보험회사가 소유하고 있는 인터넷관련 전문은행들도 유럽에는 존재하고 있는 양상이다. 대부분 이들 유럽의 인터넷관련 전문은행들을 포함한 전통적인 은행과의 혼합적인 형태의 은행들은 서비스의 양상과 이들 은행이 취급하고 있는 상품들 및 점포의 크기측면에서 비슷한 양상을 보여주고 있다. 따라서 이들 혼합적인 은행들은 고유한 예금부터 다양한 상품들을 취급하고 있는 것이다.
혼합적인 영업 방식	

5. 부동산(주택)에 대한 직접적인 투자와 간접적인 투자 형식에 대하여 설명하시오.

정답

	내용적인 요인
부동산(주택)에 대한 직접적인 투자와 간접적인 투자 형식	실물자산과 연계된 부동산관련 펀드를 비롯한 금융상품의 경우 배당금과 매매 시의 처분 이익 등으로 수익이 발생되게 된다. 부동산(주택)의 경우 이와 연계된 건설경기의 변동에 따라 투자 시기 등이 결정되기도 하며, 단기적인 성격보다는 장기적인 성격에 있어서 보다 큰 가치가 발생하게 되기도 한다. 이는 한국뿐 아니라 미국을 포함한 세계적인 현상이기도 하다.
	부동산(주택)에 대한 직접적인 투자와 부동산관련 펀드 등에 대한 간접적인 투자 형식도 있을 수 있다. 부동산(주택)에 대한 직접적인 투자에 의한 성과는 임대료로 인하여 발생하기도 한다. 부동산(주택)에 대한 투자의 장점으로는 위험이 낮다는 점도 이들 국가들에서 발생한 경험도 있는 상황이다.

6. 인터넷관련 전문은행의 경우 예비의 인가를 받기 위한 시중의 은행과 협력방안에 대하여 설명하시오.

정답

	내용적인 요인
인터넷관련 전문은행의 경우 예비의 인가를 받기 위한 시중의 은행과의 협력방안	인터넷관련 전문은행의 경우 한국에서는 2019년 10월 중순 들어 신규의 인가에 대하여 희망적인 전망을 시장에서 하고 있다. 또한 예비의 인가를 받기 위하여 시중의 은행과의 협력방안이 논의되고 있는 상황이다.

7. 오픈뱅킹의 시스템과 개방형의 플랫폼 사업에 대하여 설명하시오.

정답

	내용적인 요인
오픈뱅킹의 시스템과 개방형의 플랫폼 사업	현재 진행 중인 오픈뱅킹과 관련하여서는 은행의 경우에 있어서도 개방형의 플랫폼(platform) 사업의 진행에 대하여 일부 시장전문가들의 의견이 나오고 있다. 이는 주 거래의 은행에 대한 개념이 약화되는 것을 비롯하여 은행들에 있어서 이체와 조회업무 등에 있어서 변화가 일어날 것으로 보고 있기 때문이기도 하다.
	이는 핸드폰의 앱을 통한 업무에 있어서의 고도화로 은행과 증권 및 보험, 카드를 통한 하나의 거래의 복합적인 금융시대로 접어들 것이기 때문이라고 시장에서는 보고 있는 것이다.
	이와 같은 오픈뱅킹의 시스템이 소비자들에게 있어서 정보수집기관과의 정보공유를 통한 거래개선이 이루어지고 소비자들에게 친화적 서비스의 제공도 가능할 것으로 이들은 판단하고 있다.
	오픈뱅킹의 경우 예를 들어 서드(3rd) 파티(party)의 개발자가 은행의 애플리케이션(application)과 서비스(service)를 구축하는 데에 있어서 개방형의 API의 사용이 가능하게 하는 시스템으로 알려져 있다.
	여기서 서드(3rd) 파티(party)의 개발자는 하드웨어의 생산업자와 소프트웨어의 개발자에 대한 관계의 의미이다. 그리고 API는 응용(application) 프로그래밍(programming) 인터페이스(interface)는 응용의 프로그램을 통하여 활용하게 하도록 하는 프로그래밍의 언어와 운영의 체제가 주는 기능의 제어를 하도록 하는 인터페이스이다. 대부분 파일에 대한 제어를 하도록 도와주는 기능의 비롯한 인터페이스가 제공되고 있다.

8. 부동산(주택)관련 투자의 동향에 대하여 설명하시오.

정답

	내용적인 요인
부동산(주택)관련 투자의 동향	부동산(주택)관련 투자에 있어서는 2019년 10월 중순 들어 아파트를 중심으로 매매가격의 상승과 전세가격의 안정현상 등이 발생되고 있는데 앞서 언급한 바와 같이 건설경기의 변동과 관련하여서도 잘 살펴볼 필요가 있다고 시장 전문가들은 판단하고 있다.

9. 경제성장률과 총투자율의 상승 관계에 대하여 설명하시오.

정답

	내용적인 요인
경제성장률과 총투자율의 상승 관계	저축과 투자의 항등식으로부터 총투자율이 총저축률과 같게 된다. 따라서 궁극적으로 경제성장률은 총자본형성률인 총투자율을 자본계수로 나눈 값으로 판단된다. 따라서 경제성장률이 증가하려면 총투자율이 상승하든지 혹은 자본계수의 값이 낮아지면 가능하게 된다는 의미이기도 하다.

10. 국민총생산과 총자본형성, 자본계수에 대하여 설명하시오.

정답

	내용적인 요인
국민총생산과 총자본형성, 자본계수	국민총생산은 어느 기간 동안에 한 나라에 있어서의 국민경제에서 생산한 최종생산물인 총계의 시장가치에 대하여 화폐단위에 의하여 표시한 것이다. 그리고 총자본형성은 기업이 기계와 공장 등 자본재 지출에 해당하는 국내의 민간투자 및 정부가 정부 및 기업에 의하여 자본재구입에 투자하는 경우인데 이와 같은 것들을 합하여 총투자라고 부르기도 한다. 또한 자본계수는 어느 기간의 이내에 생산량을 자본량으로 나눈 비율을 의미한다.

11. 기업금융과 발행 및 유통시장, 4차 산업혁명에 대하여 설명하시오.

정답

	내용적인 요인
기업금융과 발행 및 유통시장, 4차 산업혁명	기업금융과 관련하여서는 유동자산과 자본구조 등과 밀접한 관련성을 갖고 있다. 특히 기업들이 자금을 조달하는 데에 있어서 각 국가 단위에서의 위험도를 비롯하여 향후 시장에서의 금리 추세의 변화 등이 매우 중요한 요소이기도 하다. 그리고 이에 따른 채권 발행을 비롯하여 이를 토대로 한 프로젝트의 진행 요소까지 감안되는 것이다.
	자본구조와 관련하여서는 최적자본구조와 관련된 이론이라는 것이 있다. 이는 기업들은 기업 가치에 있어서 극대화시키는 것이 목표인데, 이를 위하여 가중된 평균자본비용이 적게 드는 것 중 가장 적은 수준을 선택한다는 것이다. 이 경우에 있어서 최적자본구조와

관련된 이론은 자본비용에 대하여 최소 수준과 관련된 조합의 부채와 자기자본의 최적의 결합 상태를 이루게 된다는 이론인 것이다.

가중된 평균자본비용은 기업에 있어서의 자본비용인 보통주와 우선주, 부채 등과 관련하여 시장가치의 기준으로 총자본에서 차지하게 되는 자본구성비율인 가중치로 가중하여 평균하여 구한 것이다.

따라서 유동부채와 유동자산의 관리 그리고 현금흐름까지 연계되는 자금관리가 핵심적인 요소이고, 이에 주식 형태로 투자하는 투자자들은 배당금을 통하여 이익의 분배 몫을 지급받게 되는 것이다.

유동부채는 정상 영업 주기나 1년의 기간 동안으로 하여 이 시점의 이내에 부채 또는 자원에 대한 이전관계로 상환예정인 채무상태를 의미한다. 그리고 정상영업의 주기는 제조 과정 중에 투입하게 되는 용역이나 재화를 구매하게 된 기간의 시작시점으로부터 최종의 생산물을 의미하는 제품판매를 통하여 판매한 대금을 회수하게 되는 기간까지를 의미하게 된다. 한편 유동자산은 고정자산과 달리 예금이나 현금 또는 1년의 기간 이내를 통하여 환금성이 있는 자산 등을 의미한다.

기업금융과 세제 그리고 회사에 남게 되는 이익잉여금의 형태, 회사들의 자금조달과 관련하여 채권 및 주식발행 등이 관련되어 이루어진다. 이와 같은 증권형태에 대한 투자자들의 투자는 금융시장을 통하여 유통 및 거래의 형태로 이어지게 된다.

채권의 경우 기업금융과 관련하여 회사들은 보다 저렴하게 발행하는 것이 이익이 될 수 있고 투자자들은 보다 높은 수익을 얻는 것에 관심을 갖게 되는 것이다. 따라서 이와 같은 발행부문과 유통부문은 서로 밀접한 상호작용을 하게 되는 것이다.

여기에는 경기변동과 같은 요소가 영향을 줄 수도 있다. 이와 같은 기업금융과 같은 영역에 있어서는 많은 연구가 있고 기업 최고경영자의 의사결정에 있어서 계량경제학을 통한 보다 정교한 모형을 통한 예측기법을 활용하거나 전문가집단을 통한 델파이분석 기법 등 다양한 방법으로 의사결정과 집행에 따른 오차를 줄이도록 노력을 해 나가고 있다.

최근 들어 4차 산업혁명시대를 접어들어 빅 데이터를 활용한 분석 등으로 보다 정교하고 세밀한 분석도 가능해 지고 있기도 하다. 따라서 이와 같은 채권과 주식에 있어서 수익모형의 개발과 이를 통한 시뮬레이션의 결과 분석에 있어서는 통계적인 방법과 수학적인 방법 등이 모두 사용되어 분석에 활용되기도 하는 것이다.

제3편

자본의 배분선 및 증권의 시장선과
모험자본에 대한 투자

모험자본에 대한 투자와
자산 및 지분수익률 변화

제1절 ▏ 모험자본에 대한 투자와 면책범위, 경기변동에 따른 투자

그림 5-1 ▏거시경제 분석 지표 중 경제성장률(좌축)과 제조업 재고율지수(우축)

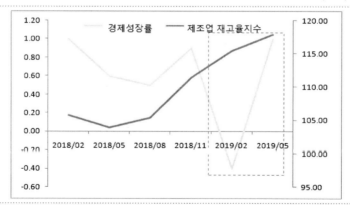

(그림 5-1)에는 거시경제 분석 지표 중 경제성장률(좌축)과 제조업 재고율지수(우축)가 나타나 있다. 여기서 기간은 2018년 2월과 5월, 8월, 11월 및 2019년 2월과 5월이다. 자료는 한국은행에서 제공하는 경제통계시스템인 간편 검색을 통하여 구한 수치이다.

그리고 경제성장률과 제조업 재고율지수의 단위는 %이다. 이 기간 동안 경제성장률과 제조업 재고율지수의 상관계수는 −0.20을 나타내 제조업 재고율지수와 경제성장률이 음(−)의 관계인 것을 알 수 있다.

투자가 실제로 이루어질 경우 한계적인 투자의 효율성이 있을 시에 가능한 것이다. 미래의 자산가치가 상승할 경우 부동산(주택)의 실물부문이든 금융부문이든 투자가 증가한다는 것이고, 이는 투자의 한계 효율성이 있다는 것이다.

그림 5-2 ▮ 투자의 한계 효율성 체계

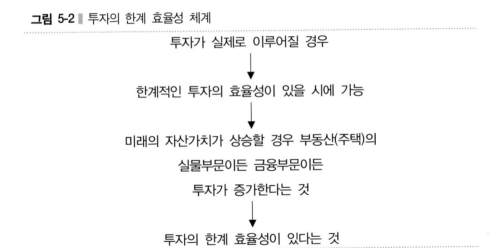

표 5-1 ▮ 투자의 한계 효율성

	내용적인 요인
투자의 한계 효율성	투자가 실제로 이루어질 경우 한계적인 투자의 효율성이 있을 시에 가능한 것이다. 미래의 자산가치가 상승할 경우 부동산(주택)의 실물부문이든 금융부문이든 투자가 증가한다는 것이고, 이는 투자의 한계 효율성이 있다는 것이다.

국민들 개개인들의 주관적인 판단에 의하여 경기변동에 따른 투자 행태의 의사결정이 이루어지고, 금융부문에 대하여는 자본 투자에 대한 이득의 가능성이 투자를 하는 데에 있어서 실행에 옮기는 것과 관련된 것이다.

그림 5-3 ▌경기변동에 따른 투자 행태의 의사결정 체계

국민들 개개인들의 주관적인 판단에 의하여
경기변동에 따른 투자 행태의 의사결정

↓

금융부문에 대하여는 자본 투자에 대한
이득의 가능성에 대한 투자

표 5-2 ▌경기변동에 따른 투자 행태의 의사결정

	내용적인 요인
경기변동에 따른 투자 행태의 의사결정	국민들 개개인들의 주관적인 판단에 의하여 경기변동에 따른 투자 행태의 의사결정이 이루어지고, 금융부문에 대하여는 자본 투자에 대한 이득의 가능성이 투자를 하는 데에 있어서 실행에 옮기는 것과 관련된 것이다.

2019년 10월 중순 한국의 경우 모험자본에 대한 투자의 경우 면책범위의 제도개선을 하는 것을 검토 중인 것으로 시장에 알려져 있다. 이와 같은 모험자본, 즉 벤처캐피탈의 경우 위험성이 있지만 평균이익 이상의 이익창출이 가능한 기업에 대한 자금 원천을 의미한다.

표 5-3 ▌모험자본에 대한 투자와 면책범위

	내용적인 요인
모험자본에 대한 투자와 면책범위	2019년 10월 중순 한국의 경우 모험자본에 대한 투자의 경우 면책범위의 제도개선을 하는 것을 검토 중인 것으로 시장에 알려져 있다. 이와 같은 모험자본, 즉 벤처캐피탈의 경우 위험성이 있지만 평균이익 이상의 이익창출이 가능한 기업에 대한 자금 원천을 의미한다.

그림 5-4 ▎ 모험자본에 대한 투자와 면책범위 관계

2019년 10월 중순 한국의 경우 모험자본에 대한
투자의 경우 면책범위의 제도개선을 하는 것을 검토

↓

모험자본 즉 벤처캐피탈의 경우 위험성이 있지만
평균이익 이상의 이익창출이 가능한 기업에 대한
자금 원천을 의미

(그림 5-5)에는 거시경제 분석 지표 중 경제성장률(좌축)과 실업률(우축)이 나타나 있다. 여기서 기간은 2018년 2월과 5월, 8월, 11월 및 2019년 2월과 5월이다. 자료는 한국은행에서 제공하는 경제통계시스템인 간편 검색을 통하여 구한 수치이다.

그리고 경제성장률과 실업률의 단위는 %이다. 이 기간 동안 경제성장률과 실업률의 상관계수는 -0.49를 나타내 실업률과 경제성장률이 음(-)의 관계인 것을 알 수 있다. 따라서 경제가 성장을 지속해야 경제의 선순환 구조를 이루어 실업률과 제조업 재고율을 낮출 수 있는 것을 알 수 있다. 한국의 대표적인 국책연구기관에서는 2019년 10월 중순 들어 경기상황을 살펴볼 때 서비스업 생산과 소매 판매액을 비롯한 소비수준이 확대된 것을 확인할 수 있는 것으로 알려지고 있다.

이와 같은 소비의 확대가 지속적으로 이루어지고 이에 따른 경제의 선순환 구조가 정착이 되어야 실업률 하락과 재고의 감소로 인한 경기상 호황국면으로 연결될 것으로 시장에서는 판단하고 있다.

그림 5-5 ▍ 거시경제 분석 지표 중 경제성장률(좌축)과 실업률(우축)

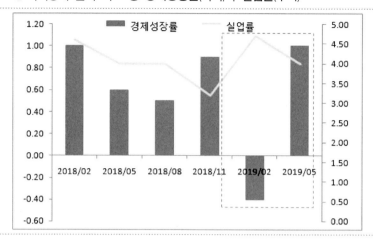

제2절   자산수익률과 지분수익률, 다국적기업의 세후 순이익의 변화

평균적인 개념에 의한 자산수익률과 지분수익률, 비용을 고려한 소득비율 수준, 세금비율 이전의 간접비용 대비 이익률 수준, 평균자산과 총자산의 비율, 순소득 혹은 총자본 대비 평균지분비율 등의 측면에서 실물자산과 금융자산의 양호한 수준을 판단해 나갈 수 있다.

표 5-4 ▍ 평균적인 개념에 의한 자산수익률과 지분수익률 등과 투자 판단

	내용적인 요인
평균적인 개념에 의한 자산수익률과 지분수익률 등과 투자 판단	평균적인 개념에 의한 자산수익률과 지분수익률, 비용을 고려한 소득비율 수준, 세금비율 이전의 간접비용 대비 이익률 수준, 평균자산과 총자산의 비율, 순소득 혹은 총자본 대비 평균지분비율 등의 측면에서 실물자산과 금융자산의 양호한 수준을 판단해 나갈 수 있다.

그림 5-6 ▎ 평균적인 개념에 의한 자산수익률과 지분수익률 등과 투자 판단의 체계

평균적인 개념에 의한 자산수익률과 지분수익률, 비용을 고려한
소득비율 수준, 세금비율 이전의 간접비용 대비 이익률 수준,
평균자산과 총자산의 비율, 순소득 혹은 총자본 대비 평균지분비율 등의 측면

↓

실물자산과 금융자산의 양호한 수준을 판단

한편 국가들 사이에 발생하고 있는 세금차이에 따른 순이익의 변화로 인하여 다국적 기업들의 경우 수익률에 더욱 민감한 것도 현실이다. 이와 같은 측면은 개인 및 기업들의 경영 행위와 관련해서도 중요한 것이고 개인들과 관련해서는 주식의 직접 투자의 경우에 정량적인 지표 이외에도 경영층의 투자선택과 향후 수익 추구 방향 등에 대하여도 면밀히 파악해 나가야 한다. 따라서 이와 같은 지표들이 반영되어 전년보다 투자한 회사의 성장성을 비롯한 재무 상태를 면밀히 파악한 후 투자에 대한 실행에 옮겨야 한다.[1]

그림 5-7 ▎ 국가들 사이에 발생하고 있는 세금차이에 따른 순이익의 변화 양상

국가들 사이에 발생하고 있는 세금차이에 따른 순이익의
변화로 인하여 다국적 기업들의 경우 수익률에 더욱 민감

↓

개인 및 기업들의 경영 행위와 관련해서도 중요

↓

개인들과 관련해서는 주식의 직접 투자의 경우 정량적인 지표
이외에도 경영층의 투자선택과 향후 수익 추구 방향
등에 대하여도 면밀히 파악해 나가야 함

↓

지표들이 반영되어 전년보다 투자한 회사의 성장성을 비롯한
재무 상태를 면밀히 파악한 후 투자에 대한 실행에 옮겨야 함

---

1 Cityam(2017), Fintech Funding trends in 2017.

표 5-5 ▌ 국가들 사이에 발생하고 있는 세금차이에 따른 순이익의 변화에 따른 영향

	내용적인 요인
국가들 사이에 발생하고 있는 세금차이에 따른 순이익의 변화에 따른 영향	국가들 사이에 발생하고 있는 세금차이에 따른 순이익의 변화로 인하여 다국적 기업들의 경우 수익률에 더욱 민감한 것도 현실이다. 이와 같은 측면은 개인 및 기업들의 경영 행위와 관련해서도 중요한 것이고 개인들과 관련해서는 주식의 직접 투자의 경우에 정량적인 지표 이외에도 경영층의 투자선택과 향후 수익 추구 방향 등에 대하여도 면밀히 파악해 나가야 한다. 따라서 이와 같은 지표들이 반영되어 전년보다 투자한 회사의 성장성을 비롯한 재무 상태를 면밀히 파악한 후 투자에 대한 실행에 옮겨야 한다.

그림 5-8 ▌ 거시경제 분석 지표 중 경제성장률(좌축)과 고용률(우축)

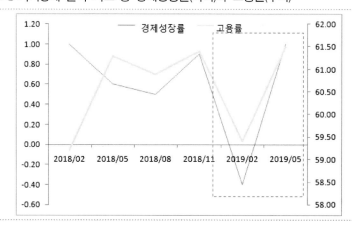

(그림 5-8)에는 거시경제 분석 지표 중 경제성장률(좌축)과 고용률(우축)이 나타나 있다. 여기서 기간은 2018년 2월과 5월, 8월, 11월 및 2019년 2월과 5월이다. 자료는 한국은행에서 제공하는 경제통계시스템인 간편 검색을 통하여 구한 수치이다.

그리고 경제성장률과 고용률의 단위는 %이다. 이 기간 동안 경제성장률과 고용률의 상관계수는 0.44를 나타내고 있다. 한편 한국의 경우 2019년 10월 중순 들어 2019년 9월 통계에서 취업자 수가 증가한 것으로 시장에서는 파악하고 있는 상황이다.

1. 투자의 한계 효율성에 대하여 설명하시오.

정답

	내용적인 요인
투자의 한계 효율성	투자가 실제로 이루어질 경우 한계적인 투자의 효율성이 있을 시에 가능한 것이다. 미래의 자산가치가 상승할 경우 부동산(주택)의 실물부문이든 금융부문이든 투자가 증가한다는 것이고, 이는 투자의 한계 효율성이 있다는 것이다.

2. 경기변동에 따른 투자 행태의 의사결정에 대하여 설명하시오.

정답

	내용적인 요인
경기변동에 따른 투자 행태의 의사결정	국민들 개개인들의 주관적인 판단에 의하여 경기변동에 따른 투자 행태의 의사결정이 이루어지고, 금융부문에 대하여는 자본 투자에 대한 이득의 가능성이 투자를 하는 데에 있어서 실행에 옮기는 것과 관련된 것이다.

3. 모험자본에 대한 투자와 면책범위에 대하여 설명하시오.

정답

	내용적인 요인
모험자본에 대한 투자와 면책범위	2019년 10월 중순 한국의 경우 모험자본에 대한 투자의 경우 면책범위의 제도개선을 하는 것을 검토 중인 것으로 시장에 알려져 있다. 이와 같은 모험자본, 즉 벤처캐피탈의 경우 위험성이 있지만 평균이익 이상의 이익창출이 가능한 기업에 대한 자금 원천을 의미한다.

4. 평균적인 개념에 의한 자산수익률과 지분수익률 등과 투자 판단에 대하여 설명하시오.

정답

	내용적인 요인
평균적인 개념에 의한 자산수익률과 지분수익률 등과 투자 판단	평균적인 개념에 의한 자산수익률과 지분수익률, 비용을 고려한 소득비율 수준, 세금비율 이전의 간접비용 대비 이익률 수준, 평균자산과 총자산의 비율, 순소득 혹은 총자본 대비 평균지분비율 등의 측면에서 실물자산과 금융자산의 양호한 수준을 판단해 나갈 수 있다.

5. 국가들 사이에 발생하고 있는 세금차이에 따른 순이익의 변화에 따른 영향에 대하여 설명하시오.

정답

	내용적인 요인
국가들 사이에 발생하고 있는 세금차이에 따른 순이익의 변화에 따른 영향	국가들 사이에 발생하고 있는 세금차이에 따른 순이익의 변화로 인하여 다국적 기업들의 경우 수익률에 더욱 민감한 것도 현실이다. 이와 같은 측면은 개인 및 기업들의 경영 행위와 관련해서도 중요한 것이고 개인들과 관련해서는 주식의 직접 투자의 경우에 정량적인 지표 이외에도 경영층의 투자선택과 향후 수익 추구 방향 등에 대하여도 면밀히 파악해 나가야 한다. 따라서 이와 같은 지표들이 반영되어 전년보다 투자한 회사의 성장성을 비롯한 재무 상태를 면밀히 파악한 후 투자에 대한 실행에 옮겨야 한다.

자본의 배분선 및
증권의 시장선과 투자 선택

제1절 기업들의 회사채 발행 여건과 투자자들의 투자 선택

기업단위에 있어서 최고 경영층은 향후 성장 동력 산업과 그렇지 못한 산업에 대한 대비를 철저히 해 나가고 있다. 이는 앞에서도 언급한 바와 같이 투자자들도 이와 같은 기업에 대한 투자 시에 있어서 세계적인 금리 정책(interest policy)의 추세와 함께 각국의 거시경제 및 산업정책 등을 면밀히 연구해 나갈 필요성이 있다.

이에 따라 기업 단위에 대한 투자 시에 투자자들은 각 기업들이 비용 수준과 SCM을 비롯한 무역상황 등 회사 전반에 걸쳐 있는 대내외 상황도 잘 판단해 나가야 한다는 것이다. 그리고 기업가 정신에 입각한 혁신적인 정책이 얼마나 잘 수용되고 있는지도 파악해 나가야 한다고 시장에서는 판단하고 있다.

표 6-1 ▌ 기업들의 성장 동력 산업에 대한 투자와 비용 최소화, SCM 등의 무역환경

	내용적인 요인
기업들의 성장 동력 산업에 대한 투자와 비용 수준 최소화, SCM을 비롯한 무역환경	기업단위에 있어서 최고 경영층은 향후 성장 동력 산업과 그렇지 못한 산업에 대한 대비를 철저히 해 나가고 있다. 이는 앞에서도 언급한 바와 같이 투자자들도 이와 같은 기업에 대한 투자 시에 있어서 세계적인 금리 정책(interest policy)의 추세와 함께 각국의 거시 경제 및 산업정책 등을 면밀히 연구해 나갈 필요성이 있다.
	기업 단위에 대한 투자 시에 투자자들은 각 기업들이 비용 수준과 SCM을 비롯한 무역상황 등 회사 전반에 걸쳐 있는 대내외 상황도 잘 판단해 나가야 한다는 것이다. 그리고 기업가 정신에 입각한 혁신적인 정책이 얼마나 잘 수용되고 있는지도 파악해 나가야 한다고 시장에서는 판단하고 있다.

그림 6-1 ▌ 기업들의 성장 동력 산업에 대한 투자 환경

기업단위에 있어서 최고 경영층은 향후 성장 동력
산업과 그렇지 못한 산업에 대한 대비

↓

투자자들도 이와 같은 기업에 대한 투자 시에 있어서
세계적인 금리 정책(interest policy)의 추세와 함께
각국의 거시경제 및 산업정책 등을 면밀히 연구해
나갈 필요성이 있음

그림 6-2 ▌ 기업들의 비용 수준 최소화 노력과 SCM을 비롯한 무역환경, 혁신 과정

기업 단위에 대한 투자 시에 투자자들은 각 기업들이
비용 수준과 SCM을 비롯한 무역상황 등 회사 전반에
걸쳐 있는 대내외 상황도 잘 판단해 나가야 한다는 것

↓

기업가 정신에 입각한 혁신적인 정책이 얼마나
잘 수용되고 있는 지도 파악해 나가야 한다고
시장에서는 판단

한편 국가적인 단위에서 한국과 중국의 경우 2019년 10월 중순 들어 안전관리 (safe management) 측면에 대한 양국 간에 있어서 무역에서 발생하는 비용과 시간 사용을 줄여나갈 방안을 모색해 나가고 있다. 기업의 최고경영층들은 기업환경 (firm environment)을 둘러싼 이와 같은 정책적인 변화도 잘 살펴보고 있다. 그리고 기업혁신은 기업을 둘러싸고 있는 조직과 전략 등을 변화시켜 나가는 것을 의미한다.

표 6-2 ▮ 한국과 중국의 안전관리측면에 대한 무역에서 비용과 시간 사용 줄여나갈 방안

	내용적인 요인
한국과 중국의 안전관리측면에 대한 양국 간에 있어서 무역에서 발생하는 비용과 시간 사용을 줄여나갈 방안	국가적인 단위에서 한국과 중국의 경우 2019년 10월 중순 들어 안전관리(safe management) 측면에 대한 양국 간에 있어서 무역에서 발생하는 비용과 시간사용을 줄여나갈 방안을 모색해 나가고 있다. 기업의 최고경영층들은 기업환경(firm environment)을 둘러싼 이와 같은 정책적인 변화도 잘 살펴보고 있다. 그리고 기업혁신은 기업을 둘러싸고 있는 조직과 전략 등을 변화시켜 나가는 것을 의미한다.

그림 6-3 ▮ 기업의 환경과 혁신 체계

국가적인 단위에서 한국과 중국의 경우
2019년 10월 중순 들어 안전관리(safe management)
측면에 대한 양국 간에 있어서 무역에서 발생하는
비용과 시간사용을 줄여나갈 방안을 모색

↓

기업의 최고경영층들은 기업환경(firm environment)을
둘러싼 이와 같은 정책적인 변화도 잘 살펴보고 있음

↓

기업혁신은 기업을 둘러싸고 있는 조직과
전략 등을 변화시켜 나가는 것을 의미

또한 기업을 둘러싼 세계 및 국가 내의 경기변동 상황과 부동산(주택) 투자 시
에는 도시 재개발 사업과 투자 등의 변화와 이에 따른 향후 자산가치의 변화 예
측. 금융자산과 실물자산 간의 자금흐름의 양상 등에 대한 정보에도 주의를 기울
여 나가야 한다.[1] 또한 기업에 대한 주식을 투자할 시에는 기업의 단기적 또는 장
기적인 안정성까지 고려해 나가야 한다.

표 6-3 ▌ 기업에 대한 주식을 투자 시 기업의 단기적 또는 장기적인 안정성까지 고려

	내용적인 요인
기업에 대한 주식을 투자할 시에는 기업의 단기적 또는 장기적인 안정성까지 고려	기업을 둘러싼 세계 및 국가 내의 경기변동 상황과 부동산(주택) 투자 시에는 도시 재개발 사업과 투자 등의 변화와 이에 따른 향후 자산가치의 변화 예측, 금융자산과 실물자산 간의 자금흐름의 양상 등에 대한 정보에도 주의를 기울여 나가야 한다. 또한 기업에 대한 주식을 투자할 시에는 기업의 단기적 또는 장기적인 안정성까지 고려해 나가야 한다.

그림 6-4 ▌ 기업에 대한 주식을 투자 시 기업의 단기적 또는 장기적인 안정성 측면

기업을 둘러싼 세계 및 국가 내의 경기변동 상황과
부동산(주택) 투자

↓

도시 재개발 사업과 투자 등의 변화와 이에 따른 향후
자산가치의 변화 예측, 금융자산과 실물자산 간의 자금흐름의
양상 등에 대한 정보에도 주의를 기울여 나가야 함

↓

기업에 대한 주식을 투자할 시에는 기업의 단기적 또는
장기적인 안정성까지 고려해 나가야 함

---

1 Payments forum(2016), The Open Banking Standard.

그림 6-5 ▎ 거시경제 분석 지표 중 경제성장률과 시간당명목임금증감률

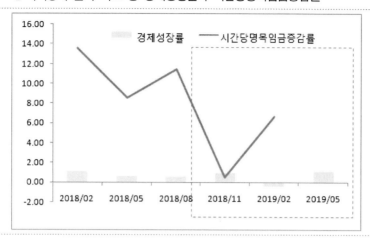

(그림 6-5)에는 거시경제 분석 지표 중 경제성장률과 시간당명목임금증감률
이 나타나 있다. 여기서 기간은 경제성장률은 2018년 2월과 5월, 8월, 11월 및
2019년 2월과 5월이고, 시간당명목임금증감률은 2018년 2월과 5월, 8월, 11월 및
2019년 2월까지이다.

자료는 한국은행에서 제공하는 경제통계시스템인 간편 검색을 통하여 구한 수
치이다. 그리고 경제성장률과 시간당명목임금증감률의 단위는 %이다. 이 기간 동
안 경제성장률과 시간당명목임금증감률의 상관계수는 0.09를 나타내고 있다.

한편 일본의 경기상황을 보여주는 2019년 8월의 실질임금이 상여금의 감소와
관련하여 아주 약간 낮아지는 추세를 보였다고 시장전문가들은 파악하고 있다. 이
들은 일본의 파트타임관련 노동자들의 고용관련 지표도 나쁘지 않은 양상을 보였
다고 판단하고 있다.

기업들에 있어서는 가장 중요한 요인 중에 하나가 자금조달과 관련된 능력 수
준이다. 이는 세계적인 금융정책과 경기 변동 요인과도 관련이 있지만 기업에 대
한 미래 및 현재적인 가치와 비용요인을 고려한 재무제표 등에 의하여 얼마나 투
자자금을 유지할 수 있는지와도 관련된 것이다.

표 6-4 기업들의 자금조달과 재무제표

	내용적인 요인
기업들의 자금조달과 재무제표	기업들에 있어서는 가장 중요한 요인 중에 하나가 자금조달과 관련된 능력 수준이다. 이는 세계적인 금융정책과 경기 변동 요인과도 관련이 있지만 기업에 대한 미래 및 현재적인 가치와 비용요인을 고려한 재무제표 등에 의하여 얼마나 투자자들을 유치할 수 있는지와도 관련된 것이다.

그림 6-6 기업들의 자금조달과 재무제표 상황

기업들에 있어서는 가장 중요한 요인 중에 하나가

자금조달과 관련된 능력 수준

↓

세계적인 금융정책과 경기 변동 요인과도 관련이 있지만

기업에 대한 미래 및 현재적인 가치와 비용요인을 고려한

재무제표 등에 의하여 얼마나 투자자들을 유치할 수 있는

지와도 관련된 것

기업들은 보다 저렴하게 회사채를 발행하는 환경을 찾고 이윤 극대화를 추구하게 되는 것이고 투자자들은 보다 높게 형성되는 수익률과 동시에 위험요인이 적은 상품과 투자 가치에 투자를 해 나가게 되는 것이다.

표 6-5 기업들의 회사채 발행 여건과 투자자들의 투자 선택

	내용적인 요인
기업들의 회사채 발행 여건과 투자자들의 투자 선택	기업들은 보다 저렴하게 회사채를 발행하는 환경을 찾고 이윤 극대화를 추구하게 되는 것이고 투자자들은 보다 높게 형성되는 수익률과 동시에 위험요인이 적은 상품과 투자 가치에 투자를 해 나가게 되는 것이다.

그림 6-7 ▌ 기업들의 회사채 발행 여건과 투자자들의 투자 선택 과정

기업들은 보다 저렴하게 회사채를 발행하는

환경을 찾고 이윤 극대화를 추구

투자자들은 보다 높게 형성되는 수익률과 동시에

위험요인이 적은 상품과 투자 가치에 투자

그림 6-8 ▌ 거시경제 분석 지표 중 경제성장률과 노동생산성증감률

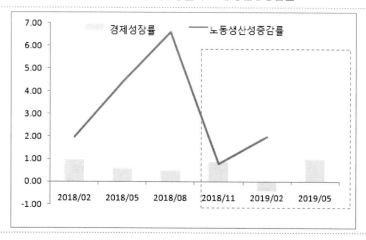

　　(그림 6-8)에는 거시경제 분석 지표 중 경제성장률과 노동생산성증감률이 나타나 있다. 여기서 기간은 경제성장률은 2018년 2월과 5월, 8월, 11월 및 2019년 2월과 5월이고, 노동생산성증감률은 2018년 2월과 5월, 8월, 11월 및 2019년 2월까지이다.

　　자료는 한국은행에서 제공하는 경제통계시스템인 간편 검색을 통하여 구한 수치이다. 그리고 경제성장률과 노동생산성증감률의 단위는 %이다. 이 기간 동안 경제성장률과 노동생산성증감률의 상관계수는 -0.07을 나타내고 있다.

　　4차 산업혁명이 시대에 노동생산성의 증기외 이고 인힌 제조입을 비롯한 선반적인 산업의 효율성(efficiency) 제고로 인하여 경제 성장이 이루어지는 것이 가장 바람직한 방향이다.

제2절 자본의 배분선 및 증권의 시장선과 투자의 상관성 분석

미국을 중심으로 하는 저금리 정책의 경우 대출에 부담감을 줄여줄 수 있다. 하지만 이자율의 경우 경제성장률의 결과로 볼 수 있는 측면이 있어서 대출에 따른 투자에 있어서 투자처에 대한 고민도 같이 발생하고 있는 것이 현실이다.

표 6-6 저금리 정책과 대출의 관계

	내용적인 요인
저금리 정책과 대출의 관계	미국을 중심으로 하는 저금리 정책의 경우 대출에 부담감을 줄여줄 수 있다. 하지만 이자율의 경우 경제성장률의 결과로 볼 수 있는 측면이 있어서 대출에 따른 투자에 있어서 투자처에 대한 고민도 같이 발생하고 있는 것이 현실이다.

그림 6-9 저금리 정책과 대출의 관계도

미국을 중심으로 하는 저금리 정책의 경우
대출에 부담감을 줄여줄 수 있음

↓

이자율의 경우 경제성장률의 결과로 볼 수 있는 측면이
있어서 대출에 따른 투자에 있어서 투자처에 대한 고민도
같이 발생하고 있는 것이 현실

그림 6-10 저금리 정책과 은행권의 순이자의 마진

저금리 속에 있어서 은행권의 경우 순이자의 마진이 중요

↓

은행을 비롯한 금융권에서 수익부분에서 조달의 비용을
제외한 나머지 부분을 운용(operation)
자산총액으로 나누어 계산

↓

은행을 비롯한 금융기관의 수익성이 표시되는 지표

이와 같은 저금리 속에 있어서 은행권의 경우 순이자의 마진이 중요해지고 있다. 이는 은행을 비롯한 금융권에서 수익부분에서 조달의 비용을 제외한 나머지 부분을 운용(operation) 자산총액으로 나누어 계산할 수 있다. 이는 은행을 비롯한 금융기관의 수익성이 표시되는 지표인 것이다.

표 6-7 ▌ 저금리 정책과 은행권의 순이자 마진

	내용적인 요인
저금리 정책과 은행권의 순이자 마진	저금리 속에 있어서 은행권의 경우 순이자의 마진이 중요해지고 있다. 이는 은행을 비롯한 금융권에서 수익부분에서 조달의 비용을 제외한 나머지 부분을 운용(operation) 자산총액으로 나누어 계산할 수 있다. 이는 은행을 비롯한 금융기관의 수익성이 표시되는 지표인 것이다.

따라서 차세대 성장 동력 산업을 비롯하여 4차 산업혁명 분야의 발전이 중요한 이유이기도 하다. 이러한 이유로 최근에 들어와 대출이 늘어날 때 개인이든 기업이든 부도위험이 이전보다 감소했다고 반드시 볼 수도 없는 상황이다.[2]

표 6-8 ▌ 저금리 정책과 부도위험 및 4차 산업혁명

	내용적인 요인
저금리 정책과 부도위험 및 4차 산업혁명	차세대 성장 동력 산업을 비롯하여 4차 산업혁명 분야의 발전이 중요한 이유이기도 하다. 이러한 이유로 최근에 들어와 대출이 늘어날 때 개인이든 기업이든 부도위험이 이전보다 감소했다고 반드시 볼 수도 없는 상황이다.

---

2 BBA(2015), Digital Disruption, UK Banking Report.

그림 6-11 ┃ 저금리 정책과 부도위험 및 4차 산업혁명

저금리 기조 속 차세대 성장 동력 산업을 비롯하여

4차 산업혁명 분야의 발전이 중요한 이유

↓

최근에 들어와 대출이 늘어날 때 개인이든 기업이든

부도위험이 이전보다 감소했다고 반드시 볼 수도 없는 상황

(그림 6 − 12)에는 거시경제 분석 지표 중 경제성장률과 단위노동비용증감률이 나타나 있다. 여기서 기간은 경제성장률은 2018년 2월과 5월, 8월, 11월 및 2019년 2월과 5월이고, 단위노동비용증감률은 2018년 2월과 5월, 8월, 11월 및 2019년 2월까지이다.

자료는 한국은행에서 제공하는 경제통계시스템인 간편 검색을 통하여 구한 수치이다. 그리고 경제성장률과 단위노동비용증감률의 단위는 %이다. 이 기간 동안 경제성장률과 단위노동비용증감률의 상관계수는 0.30을 나타내고 있다.

세계 경제는 4차 산업혁명의 기회를 잘 살려서 저물가와 양질의 고용 일자리 창출을 향하여 진행 중에 있다. 여기에는 저금리 시대라는 측면도 있다. 이와 같은 현재의 경제의 상황을 잘 활용하여 나갈 필요성이 있다고 시장에서는 판단하고 있기도 하다.

그림 6-12 ┃ 거시경제 분석 지표 중 경제성장률과 단위노동비용증감률

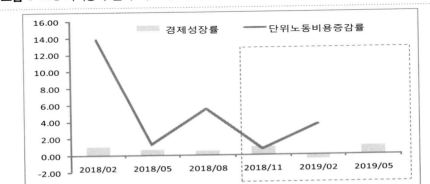

그림 6-13 ▌위험회피(risk averse) 성향의 투자자들(investors)들과 무차별적 곡선 관계

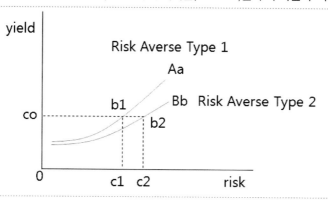

2019년 10월 중순 들어 2020년 이후의 세계 경제에 대한 불확실성(uncertainty)이 커질 수 있다는 것을 가정하자. 이 경우에 있어서 개인투자자들은 위험회피적인 원래의 성향을 위험(risk)과 수익률(yield)에 대하여 어떻게 반응하는지 살펴보자.

(그림 6−13)에는 이와 관련하여 위험회피(risk averse) 성향의 투자자들(investors)과 무차별적 곡선 관계가 나타나 있다. 여기서 Aa곡선상의 위험회피 성향의 타입1(Risk Averse Type 1)은 Bb곡선 상의 위험회피 성향의 타입2(Risk Averse Type 2)보다 위험이 커질수록 더욱 높은 수익률이 보장되어야 투자를 하는 투자자인 것을 알 수 있다.

여기서 위험회피 성향의 타입1(Risk Averse Type 1)의 경우 b1이라는 점에서 균형점으로 위험이 c1일 때 수익률 co를 요구하는 것이고, 이보다 위험회피 성향이 낮은 위험회피 성향의 타입2(Risk Averse Type 2)의 경우 c2의 위험 수준인 b2의 균형점에서 위험회피 성향의 타입1(Risk Averse Type 1)과 동일한 수익률인 co 수준을 요구하는 것을 알 수 있다. 이와 같은 관계의 형성은 금융시장이든 부동산(주택)시장에 대한 투자의 경우 모두에서 동일하게 적용된다고 판단할 수 있다.

표 6-9 ▎위험회피(risk averse) 성향의 투자자들(investors)과 무차별적 곡선 관계

	내용적인 요인
위험회피(risk averse) 성향의 투자자들(investors)과 무차별적 곡선 관계	2019년 10월 중순 들어 2020년 이후의 세계 경제에 대한 불확실성(uncertainty)이 커질 수 있다는 것을 가정하자. 이 경우에 있어서 개인투자자들은 위험회피적인 원래의 성향을 위험(risk)과 수익률(yield)에 대하여 어떻게 반응하는지 살펴보자.
	(그림 6-13)에는 이와 관련하여 위험회피(risk averse) 성향의 투자자들(investors)과 무차별적 곡선 관계가 나타나 있다. 여기서 위험회피 성향의 타입1(Risk Averse Type 1)은 위험회피 성향의 타입2(Risk Averse Type 2)보다 위험이 커질수록 더욱 높은 수익률이 보장되어야 투자를 하는 투자자인 것을 알 수 있다.
	여기서 위험회피 성향의 타입1(Risk Averse Type 1)의 경우 b1이라는 점에서 균형점으로 위험이 c1일 때 수익률 co를 요구하는 것이고, 이보다 위험회피 성향이 낮은 위험회피 성향의 타입2(Risk Averse Type 2)의 경우 c2의 위험 수준인 b2의 균형점에서 위험회피 성향의 타입1(Risk Averse Type 1)과 동일한 수익률인 co 수준을 요구하는 것을 알 수 있다.

그림 6-14 ▎수익률1(yield1)과 수익률2(yield2) 사이의 상관관계(correlation)

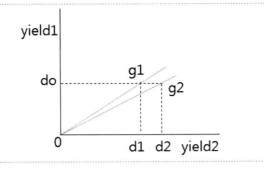

(그림 6-14)에는 수익률1(yield1)과 수익률2(yield2) 사이의 상관관계(correlation)가 나타나 있다. (그림 6-14)는 수익률1(yield1)과 수익률2(yield2) 사이에 정비례(+)의 관계에 놓여 있는 것을 의미한다. g1점을 지나가는 직선의 경우 d1과 do 수준에서 형성되고 있으며, g2점을 지나가는 직선의 경우 d2와 do 수준에서 형성되고 있음을 알 수 있다.

표 6-10 ┃ 수익률1(yield1)과 수익률2(yield2) 사이 정비례(+)의 상관관계(correlation)

	내용적인 요인
수익률1(yield1)과 수익률2(yield2) 사이의 상관관계 (correlation)	(그림 6-14)에는 수익률1(yield1)과 수익률2(yield2) 사이의 상관관계(correlation)가 나타나 있다. (그림 6-14)는 수익률1(yield1)과 수익률2(yield2) 사이에 정비례(+)의 관계에 놓여 있는 것을 의미한다. g1점을 지나가는 직선의 경우 d1과 do 수준에서 형성되고 있으며, g2점을 지나가는 직선의 경우 d2와 do 수준에서 형성되고 있음을 알 수 있다.

그림 6-15 ┃ 수익률1(y1)과 수익률2(y2) 사이의 상관관계(correlation)

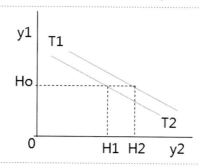

(그림 6-15)에는 수익률1(y1)과 수익률2(y2) 사이의 상관관계(correlation)가 나타나 있다. (그림 6-15)는 수익률1(y1)과 수익률2(y2) 사이에 반비례(-)의 관계에 놓여 있는 것을 의미한다. T1의 직선인 반비례 그래프의 경우 수익률1(y1)은 Ho수준이고 수익률2(y2)는 H1수준이다. 그리고 T2의 직선인 반비례 그래프의 경우 수익률1(y1)은 Ho수준이고 수익률2(y2)는 H2수준에서 형성되고 있다.

표 6-11 ┃ 수익률1(y1)과 수익률2(y2) 사이 반비례(-)의 상관관계(correlation)

	내용적인 요인
수익률1(y1)과 수익률2(y2) 사이 반비례(-)의 상관관계	(그림 6-15)에는 수익률1(y1)과 수익률2(y2) 사이의 상관관계(correlation)가 나타나 있다. (그림 6-15)는 수익률1(y1)과 수익률2(y2) 사이에 반비례(-)의 관계에 놓여 있는 것을 의미한다. T1의 직선인 반비례 그래프의 경우 수익률1(y1)은 Ho수준이고 수익

(correlation)	률2(y2)는 H1수준이다. 그리고 T2의 직선인 반비례 그래프의 경우 수익률1(y1)은 Ho수준이고 수익률2(y2)는 H2수준에서 형성되고 있다.

(그림 6-16)에는 포트폴리오 위험과 투자 종목의 수의 관계 변화가 나타나 있다. 여기서 종목의 수가 b10일 때 포트폴리오 위험 수준은 a11과 같이 높은 상황임을 알 수 있다. 이것의 기울기는 A11로서 투자 종목의 수가 늘어난 b11로 늘어난 B11일 경우의 기울기인 포트폴리오 위험 수준 a10보다 훨씬 가파른 모양새를 보이고 있다.

이와 같이 포트폴리오 위험 수준은 투자 종목의 수가 2개 정도만 되어도 가파른 형태로 포트폴리오의 위험 수준이 감소하지만 아무리 포트폴리오를 편성하는 투자 종목의 수가 늘어나도 영(0) 수준까지 감소하지는 않는 것으로 알려져 있다.

가로 실선의 아래와 같이 체계적인 위험이 줄어들 수 없기 때문이며, 가로 실선의 위 부분은 비체계적인 위험 수준이라고 한다. 이 두 가지 형태의 위험인 체계적인 위험과 비체계적인 위험 수준을 합하여 총 위험수준이라고 한다.

표 6-12 ▌ 포트폴리오 위험과 투자 종목 수의 관계

	내용적인 요인
포트폴리오 위험과 투자 종목 수의 관계	(그림 6-16)에는 포트폴리오 위험과 투자 종목의 수의 관계 변화가 나타나 있다. 여기서 종목의 수가 b10일 때 포트폴리오 위험 수준은 a11과 같이 높은 상황임을 알 수 있다. 이것의 기울기는 A11로서 투자 종목의 수가 늘어난 b11로 늘어난 B11 경우의 기울기인 포트폴리오 위험 수준 a10보다 훨씬 가파른 모양새를 보이고 있다.
	포트폴리오 위험 수준은 투자 종목의 수가 2개 정도만 되어도 가파른 형태로 포트폴리오의 위험 수준이 감소하지만 아무리 포트폴리오를 편성하는 투자 종목의 수가 늘어나도 영(0) 수준까지 감소하지는 않는 것으로 알려져 있다.
	가로 실선의 아래와 같이 체계적인 위험이 줄어들 수 없기 때문이며, 가로 실선의 위 부분은 비체계적인 위험 수준이라고 한다. 이 두 가지 형태의 위험인 체계적인 위험과 비체계적인 위험 수준을 합하여 총 위험수준이라고 한다.

그림 6-16 ┃ 포트폴리오 위험과 투자 종목의 수의 관계 변화

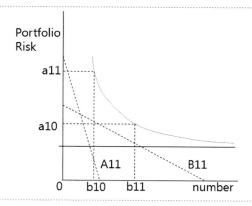

그림 6-17 ┃ 자본의 배분선과 위험자산(risk asset)의 투자

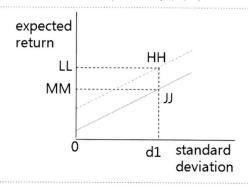

(그림 6-17)에는 자본의 배분선과 위험자산(risk asset)의 투자가 나타나 있다. 여기서 위험을 표기하는 표준편차(standard deviation)가 d1일 때, 기대수익률 (expected return)이 자본의 배분선에 따른 HH점과 JJ점에 따라 LL과 MM 수준에 놓이게 된다.

그리고 여기서 d1의 위험 수준의 왼쪽에는 위험자산에 대한 투자의 비중이 상대적으로 작은 쪽이며, d1의 위험 수준의 오른쪽에는 위험자산에 대한 투자의 비중이 상대적으로 큰 것을 나타낸다.

표 6-13 ▌ 자본의 배분선과 위험자산(risk asset)의 투자 행태

	내용적인 요인
자본의 배분선과 위험자산(risk asset)의 투자 행태	(그림 6-17)에는 자본의 배분선과 위험자산(risk asset)의 투자가 나타나 있다. 여기서 위험을 표기하는 표준편차(standard deviation)가 d1일 때, 기대수익률(expected return)이 자본의 배분선에 따른 HH점과 JJ점에 따라 LL과 MM 수준에 놓이게 된다.
	여기서 d1의 위험 수준의 왼쪽에는 위험자산에 대한 투자의 비중이 상대적으로 작은 쪽이며, d1의 위험 수준의 오른쪽에는 위험자산에 대한 투자의 비중이 상대적으로 큰 것을 나타낸다.

(그림 6-18)에는 증권의 시장선과 투자이다. 증권의 시장선이란 증권시장(stock market)이 균형(equilibrium)의 상태이고 앞서 언급한 자본의 시장선이 존재할 경우에 해당하는 것이다.

따라서 비효율적(inefficient)인 투자의 대상까지 포함시키는 투자자산들의 위험과 기대수익과의 관계에 대한 것을 의미한다. 여기서 베타(beta) 값이 a0일 때 균형이 d0이고 이때 g0과 d0, f0이 기울기(slope)의 크기를 표시하고 있다.

그리고 이때 기대수익률(expected return)은 b0 수준이다. 그리고 그 위에 증권의 시장은 c0의 기대수익률이 발생하고 있는 것을 알 수 있다. 여기서 베타(beta) 값이란 시장에서 비체계적인 위험과 비교할 경우 개별적인 주식에서의 변동성(volatility)을 계산할 수 있는 값을 의미한다.

표 6-14 ▌ 증권의 시장선과 투자의 관계

	내용적인 요인
증권의 시장선과 투자의 관계	(그림 6-18)에는 증권의 시장선과 투자이다. 증권의 시장선이란 증권시장(stock market)이 균형(equilibrium)의 상태이고 앞서 언급한 자본의 시장선이 존재할 경우에 해당하는 것이다.
	따라서 비효율적(inefficient)인 투자의 대상까지 포함시키는 투자자산들의 위험과 기대수익과의 관계에 대한 것을 의미한다. 여기서 베타(beta) 값이 a0일 때 균형이 d0이고 이 때 g0과 d0, f0이 기울기(slope)의 크기를 표시하고 있다.

이때 기대수익률(expected return)은 b0 수준이다. 그리고 그 위에 증권의 시장은 c0의 기대수익률이 발생하고 있는 것을 알 수 있다. 여기서 베타(beta) 값이란 시장에서 비체계적인 위험과 비교할 경우 개별적인 주식에서의 변동성(volatility)을 계산할 수 있는 값을 의미한다.

그림 6-18 ▌증권의 시장선과 투자

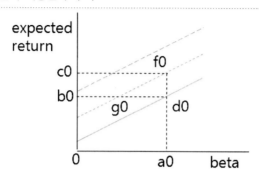

앞에서와 같은 자본의 배분선과 증권의 시장선 및 투자의 관계를 살펴보려면 위험자산에 대한 투자기회(investment opportunity)의 집합(set)을 먼저 살펴보아야 한다. 여기서 주식1과 주식2로 구성된 포트폴리오(portfolio)가 있을 경우 주식1과 주식2에 대하여 투자자가 소유한 금액 중 각각 비중1(weight1)과 비중2(weight2)만큼 투자할 때의 각각의 기대수익률 값에 각각의 비중 값을 곱하고 주식1과 주식2에 해당하는 값만큼 더하면 포트폴리오 수익률의 기대 값을 계산할 수 있는 것이다. 이는 식(2)에 나타나 있으며, 식(3)은 전체를 1로 하였을 경우 비중2(weight2)의 비율만큼을 빼면 비중1(weight1)의 해당하는 비율이 된다는 수식에 해당한다.

$$E(r_{portfolio}) = weighted_1 E(r_1) + weighted_2 E(r_2) \qquad (2)$$
$$weighted_2 = 1 - weighted_1 \qquad (3)$$

그림 6-19 ▮ 거시경제 분석 지표 중 경제성장률과 생산자물가등락률

(그림 6-19)에는 거시경제 분석 지표 중 경제성장률과 생산자물가등락률이 나타나 있다. 여기서 기간은 경제성장률은 2018년 2월과 5월, 8월, 11월 및 2019년 2월과 5월이고, 생산자물가등락률은 2018년 2월과 5월, 8월, 11월 및 2019년 2월, 8월까지이다.

자료는 한국은행에서 제공하는 경제통계시스템인 간편 검색을 통하여 구한 수치이다. 그리고 경제성장률과 생산자물가등락률의 단위는 %이다. 이 기간 동안 경제성장률과 생산자물가등락률의 상관계수는 0.25를 나타내고 있다. 여기서 생산자물가지수의 경우 생산(production)을 위하여 기업들 간 거래하게 될 때 발생하는 서비스 및 재화의 가격을 활용하여 계산해내는 지수체계이다.

그림 6-20 ▌ 거시경제 분석 지표 중 경제성장률과 소비자물가등락률

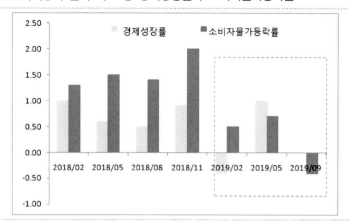

(그림 6-20)에는 거시경제 분석 지표 중 경제성장률과 소비자물가등락률이 나타나 있다. 여기서 기간은 경제성장률은 2018년 2월과 5월, 8월, 11월 및 2019년 2월과 5월이고, 소비자물가등락률은 2018년 2월과 5월, 8월, 11월 및 2019년 2월, 9월까지이다.

자료는 한국은행에서 제공하는 경제통계시스템인 간편 검색을 통하여 구한 수치이다. 그리고 경제성장률과 소비자물가등락률의 단위는 %이다. 이 기간 동안 경제성장률과 소비자물가등락률의 상관계수는 0.52를 나타내고 있다. 여기서 경제성장률과 소비자물가등락률의 상관계수는 경제성장률과 생산자물가등락률보다 높아서 경제성장률과 소비자물가등락률의 사이의 관계가 더욱 밀접한 상관성을 지니고 있는 것을 알 수 있다.

그림 6-21 ┃ 거시경제 분석 지표 중 경제성장률과 근원인플레이션율

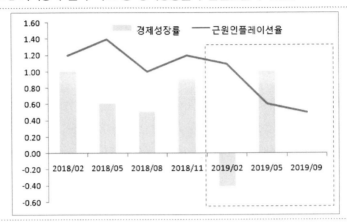

(그림 6-21)에는 거시경제 분석 지표 중 경제성장률과 근원인플레이션율이 나타나 있다. 여기서 기간은 경제성장률은 2018년 2월과 5월, 8월, 11월 및 2019년 2월과 5월이고, 근원인플레이션율은 2018년 2월과 5월, 8월, 11월 및 2019년 2월, 9월까지이다.

자료는 한국은행에서 제공하는 경제통계시스템인 간편 검색을 통하여 구한 수치이다. 그리고 경제성장률과 근원인플레이션율의 단위는 %이다. 이 기간 동안 경제성장률과 근원인플레이션율의 상관계수는 −0.17을 나타내고 있다.

여기서 근원인플레이션율은 기초경제(fundamentals) 상황이 발생된 것이 반영된 물가상승률(inflation)을 나타내어 주고 있다. 대개 소비자물가상승률의 부분에서 국제적인 원자재가격과 농산물의 가격 수준 등에 따른 변동(fluctuation)을 빼고 계산해낸다.

1. 기업들의 성장 동력 산업에 대한 투자와 비용 최소화, SCM 등의 무역환경에 대하여 설명하시오.

정답

	내용적인 요인
기업들의 성장 동력 산업에 대한 투자와 비용 수준 최소화, SCM을 비롯한 무역환경	기업단위에 있어서 최고 경영층은 향후 성장 동력 산업과 그렇지 못한 산업에 대한 대비를 철저히 해 나가고 있다. 이는 앞에서도 언급한 바와 같이 투자자들도 이와 같은 기업에 대한 투자 시에 있어서 세계적인 금리 정책(interest policy)의 추세와 함께 각국의 거시경제 및 산업정책 등을 면밀히 연구해 나갈 필요성이 있다.
	기업 단위에 대한 투자 시에 투자자들은 각 기업들이 비용 수준과 SCM을 비롯한 무역상황 등 회사 전반에 걸쳐 있는 대내외 상황도 잘 판단해 나가야 한다는 것이다. 그리고 기업가 정신에 입각한 혁신적인 정책이 얼마나 잘 수용되고 있는지도 파악해 나가야 한다고 시장에서는 판단하고 있다.

2. 한국과 중국의 안전관리측면에 대한 무역에서 비용과 시간 사용 줄여나갈 방안에 대하여 설명하시오.

정답

	내용적인 요인
한국과 중국의 안전관리측면에 대한 양국 간에 있어서 무역에서 발생하는 비용과 시간 사용을 줄여나갈 방안	국가적인 단위에서 한국과 중국의 경우 2019년 10월 중순 들어 안전관리(safe management) 측면에 대한 양국 간에 있어서 무역에서 발생하는 비용과 시간사용을 줄여나갈 방안을 모색해 나가고 있다. 기업의 최고경영층들은 기업환경(firm environment)을 둘러싼 이와 같은 정책적인 변화도 잘 살펴보고 있다. 그리고 기업혁신은 기업을 둘러싸고 있는 조직과 전략 등을 변화시켜 나가는 것을 의미한다.

3. 기업에 대한 주식을 투자 시 기업의 단기적 또는 장기적인 안정성까지 고려에 대하여 설명하시오.

정답

	내용적인 요인
기업에 대한 주식을 투자할 시에는 기업의 단기적 또는 장기적인 안정성까지 고려	기업을 둘러싼 세계 및 국가 내의 경기변동 상황과 부동산(주택) 투자 시에는 도시 재개발 사업과 투자 등의 변화와 이에 따른 향후 자산가치의 변화 예측, 금융자산과 실물자산 간의 자금흐름의 양상 등에 대한 정보에도 주의를 기울여 나가야 한다. 또한 기업에 대한 주식을 투자할 시에는 기업의 단기적 또는 장기적인 안정성까지 고려해 나가야 한다.

4. 기업들의 자금조달과 재무제표에 대하여 설명하시오.

정답

	내용적인 요인
기업들의 자금조달과 재무제표	기업들에 있어서는 가장 중요한 요인 중에 하나가 자금조달과 관련된 능력 수준이다. 이는 세계적인 금융정책과 경기 변동 요인과도 관련이 있지만 기업에 대한 미래 및 현재적인 가치와 비용요인을 고려한 재무제표 등에 의하여 얼마나 투자자들을 유치할 수 있는지와도 관련된 것이다.

5. 기업들의 회사채 발행 여건과 투자자들의 투자 선택에 대하여 설명하시오.

정답

	내용적인 요인
기업들의 회사채 발행 여건과 투자자들의 투자 선택	기업들은 보다 저렴하게 회사채를 발행하는 환경을 찾고 이윤 극대화를 추구하게 되는 것이고 투자자들은 보다 높게 형성되는 수익률과 동시에 위험요인이 적은 상품과 투자 가치에 투자를 해 나가게 되는 것이다.

6. 저금리 정책과 대출의 관계에 대하여 설명하시오.

정답

	내용적인 요인
저금리 정책과 대출의 관계	미국을 중심으로 하는 저금리 정책의 경우 대출에 부담감을 줄여줄 수 있다. 하지만 이자율의 경우 경제성장률의 결과로 볼 수 있는 측면이 있어서 대출에 따른 투자에 있어서 투자처에 대한 고민도 같이 발생하고 있는 것이 현실이다.

7. 저금리 정책과 은행권의 순이자의 마진에 대하여 설명하시오.

정답

	내용적인 요인
저금리 정책과 은행권 순이자의 마진	저금리 속에 있어서 은행권의 경우 순이자의 마진이 중요해지고 있다. 이는 은행을 비롯한 금융권에서 수익부분에서 조달의 비용을 제외한 나머지 부분을 운용(operation) 자산총액으로 나누어 계산할 수 있다. 이는 은행을 비롯한 금융기관의 수익성이 표시되는 지표인 것이다.

8. 저금리 정책과 부도위험 및 4차 산업혁명에 대하여 설명하시오.

정답

	내용적인 요인
저금리 정책과 부도위험 및 4차 산업혁명	차세대 성장 동력 산업을 비롯하여 4차 산업혁명 분야의 발전이 중요한 이유이기도 하다. 이러한 이유로 최근에 들어와 대출이 늘어날 때 개인이든 기업이든 부도위험이 이전보다 감소했다고 반드시 볼 수도 없는 상황이다.

9. 위험회피(risk averse) 성향의 투자자들(investors)과 무차별적 곡선 관계에 대하여 그림을 그리시고 설명하시오.

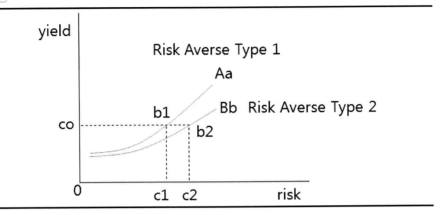

2019년 10월 중순 들어 2020년 이후의 세계 경제에 대한 불확실성(uncertainty)이 커질 수 있다는 것을 가정하자. 이 경우에 있어서 개인투자자들은 위험회피적인 원래의 성향을 위험(risk)과 수익률(yield)에 대하여 어떻게 반응하는지 살펴보자.

여기서 Aa곡선 상의 위험회피 성향의 타입1(Risk Averse Type 1)은 Bb곡선 상의 위험회피 성향의 타입2(Risk Averse Type 2)보다 위험이 커질수록 더욱 높은 수익률이 보장되어야 투자를 하는 투자자인 것을 알 수 있다.

여기서 위험회피 성향의 타입1(Risk Averse Type 1)의 경우 b1이라는 점에서 균형점으로 위험이 c1일 때 수익률 co를 요구하는 것이고, 이 보다 위험회피 성향이 낮은 위험회피 성향의 타입2(Risk Averse Type 2)의 경우 c2의 위험 수준인 b2의 균형점에서 위험회피 성향의 타입1(Risk Averse Type 1)과 동일한 수익률인 co 수준을 요구하는 것을 알 수 있다. 이와 같은 관계의 형성은 금융시장이든 부동산(주택)시장에 대한 투자의 경우 모두에서 동일하게 적용된다고 판단할 수 있다.

10. 수익률1(yield1)과 수익률2(yield2) 사이 정비례(+)의 상관관계(correlation)에 대하여 그림을 그리시고 설명하시오.

정답

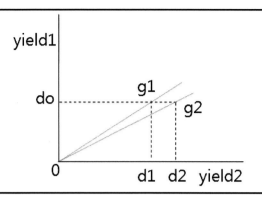

수익률1(yield1)과 수익률2(yield2) 사이의 상관관계(correlation)가 나타나 있다. 여기서 수익률1(yield1)과 수익률2(yield2) 사이에 정비례(+)의 관계에 놓여 있는 것을 의미한다. g1점을 지나가는 직선의 경우 d1과 do 수준에서 형성되고 있으며, g2점을 지나가는 직선의 경우 d2와 do 수준에서 형성되고 있음을 알 수 있다.

11. 수익률1(y1)과 수익률2(y2) 사이 반비례(−)의 상관관계(correlation)에 대하여 그림을 그리시고 설명하시오.

정답

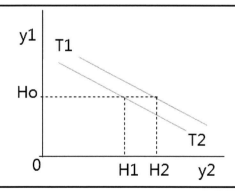

수익률1(y1)과 수익률2(y2) 사이에 반비례(−)의 관계에 놓여 있는 것을 의미한다. T1 의 직선인 반비례 그래프의 경우 수익률1(y1)은 Ho수준이고 수익률2(y2)는 H1수준이

다. 그리고 T2의 직선인 반비례 그래프의 경우 수익률1(y1)은 Ho수준이고 수익률2(y2)는 H2수준에서 형성되고 있다.

12. 포트폴리오 위험과 투자 종목의 수의 관계 변화에 대하여 그림을 그리시고 설명하시오.

정답

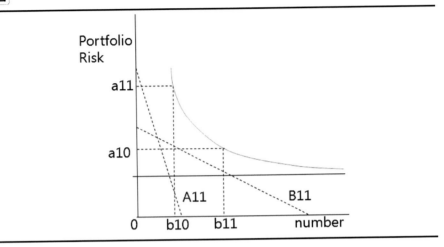

포트폴리오 위험과 투자 종목의 수의 관계 변화이다. 여기서 종목의 수가 b10일 때 포트폴리오 위험 수준은 a11과 같이 높은 상황임을 알 수 있다. 이것의 기울기는 A11로서 투자 종목의 수가 늘어난 b11로 늘어난 B11일 경우의 기울기인 포트폴리오 위험 수준 a10보다 훨씬 가파른 모양새를 보이고 있다.

이와 같이 포트폴리오 위험 수준은 투자 종목의 수가 2개 정도만 되어도 가파른 형태로 포트폴리오의 위험 수준이 감소하지만 아무리 포트폴리오를 편성하는 투자 종목의 수가 늘어나도 영(0) 수준까지 감소하지는 않는 것으로 알려져 있다.

가로 실선의 아래와 같이 체계적인 위험이 줄어들 수 없기 때문이며, 가로 실선의 위 부분은 비체계적인 위험 수준이라고 한다. 이 두 가지 형태의 위험인 체계적인 위험과 비체계적인 위험 수준을 합하여 총 위험수준이라고 한다.

13. 자본의 배분선과 위험자산(risk asset)의 투자에 대하여 그림을 그리시고 설명하시오.

정답

자본의 배분선과 위험자산(risk asset)의 투자가 나타나 있다. 여기서 위험을 표기하는 표준편차(standard deviation)가 d1일 때, 기대수익률(expected return)이 자본의 배분선에 따른 HH점과 JJ점에 따라 LL과 MM 수준에 놓이게 된다.

그리고 여기서 d1의 위험 수준의 왼쪽에는 위험자산에 대한 투자의 비중이 상대적으로 작은 쪽이며, d1의 위험 수준의 오른쪽에는 위험자산에 대한 투자의 비중이 상대적으로 큰 것을 나타낸다.

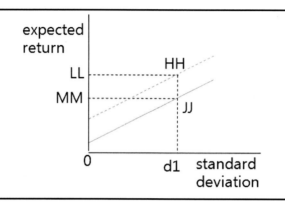

14. 증권의 시장선과 투자의 관계에 대하여 그림을 그리시고 설명하시오.

정답

증권의 시장선과 투자의 관계이다. 증권의 시장선이란 증권시장(stock market)이 균형 (equilibrium)의 상태이고 앞서 언급한 자본의 시장선이 존재할 경우에 해당하는 것이다. 따라서 비효율적(inefficient)인 투자의 대상까지 포함시키는 투자자산들의 위험과 기대수익과의 관계에 대한 것을 의미한다. 여기서 베타(beta) 값이 a0일 때 균형이 do이고 이 때 g0과 d0, f0이 기울기(slope)의 크기를 표시하고 있다.

그리고 이때 기대수익률(expected return)은 b0 수준이다. 그리고 그 위에 증권의 시장은 c0의 기대수익률이 발생하고 있는 것을 알 수 있다. 여기서 베타(beta) 값이란 시장에서 비체계적인 위험과 비교할 경우 개별적인 주식에서의 변동성(volatility)을 계산할 수 있는 값을 의미한다.

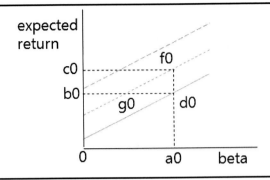

15. 주식1과 주식2에 대하여 포트폴리오 수익률의 기대 값을 계산하는 식과 각각의
    비중과 관련된 식에 대하여 설명하시오.

[정답]

자본의 배분선과 증권의 시장선 및 투자의 관계를 살펴보려면 위험자산에 대한 투자기회
(investment opportunity)의 집합(set)을 먼저 살펴보아야 한다. 여기서 주식1과 주식2
로 구성된 포트폴리오(portfolio)가 있을 경우 주식1과 주식2에 대하여 투자자가 소유한
금액 중 각각 비중1(weight1)과 비중2(weight2) 만큼 투자할 때의 각각의 기대수익률
값에 각각의 비중 값을 곱하고 주식1과 주식2에 해당하는 값만큼 더하면 포트폴리오 수
익률의 기대 값을 계산할 수 있는 것이다. 이는 식(a)에 나타나 있으며, 식(b)은 전체를
1로 하였을 경우 비중2(weight2)의 비율만큼을 빼면 비중1(weight1)의 해당하는 비율이
된다는 수식에 해당한다.

$$E(r_{portfolio}) = weighted_1 E(r_1) + weighted_2 E(r_2) \quad \text{(a)}$$

$$weighted_2 = 1 - weighted_1 \quad \text{(b)}$$

제4편

부동산 투자패턴과
그린본드라고 불리는 ESG투자

제1절 부동산의 투자 패턴과
인터넷관련 은행의 투자 자본에 대한 수익률

유럽의 경우 실무적인 데이터를 살펴볼 때, 인터넷관련 은행의 수익성이 인터넷관련 은행 및 전통적인 은행업을 유지하는 혼합적인 은행의 50% 정도를 보이는 것으로 알려져 있다. 따라서 아직 유럽의 경우에 있어서도 인터넷관련 은행이 발전해야 하는 측면이 있는 것이다.

이는 정보보호와 보안 등 여러 가지 측면에 있어서 기술이 개발되고 있기 때문에 4차 산업혁명의 발달에 따라 발전 가능성이 높다고 볼 수도 있다. 유럽의 경우에 있어서도 이와 같은 기술의 발달에 차이점이 존재하기 때문에 국가별로 당연히 인터넷관련 은행의 수익성에서 차이점이 발견되고 있기도 한 상황이다.

표 7-1 ▮ 유럽의 경우 인터넷관련 은행의 수익성과 정보통신기술의 개발

	내용적인 요인
유럽의 경우 인터넷관련 은행의 수익성과 정보통신기술의 개발	유럽의 경우 실무적인 데이터를 살펴볼 때, 인터넷관련 은행의 수익성이 인터넷관련 은행 및 전통적인 은행업을 유지하는 혼합적인 은행의 50% 정도를 보이는 것으로 알려져 있다. 따라서 아직 유럽의 경우에 있어서도 인터넷관련 은행이 발전해야 하는 측면이 있는 것이다.
	정보보호와 보안 등 여러 가지 측면에 있어서 기술이 개발되고 있기 때문에 4차 산업혁명의 발달에 따라 발전 가능성이 높다고 볼 수도 있다. 유럽의 경우에 있어서도 이와 같은 기술의 발달에 차이점이 존재하기 때문에 국가별로 당연히 인터넷관련 은행의 수익성에서 차이점이 발견되고 있기도 한 상황이다.

그림 7-1 ▮ 유럽의 경우 인터넷관련 은행의 수익성

유럽의 경우

↓

인터넷관련 은행의 수익성이 인터넷관련 은행 및
전통적인 은행업을 유지하는 혼합적인 은행의 50% 정도를
보이는 것으로 알려져 있음

그림 7-2 ▮ 유럽 각국의 인터넷관련 은행의 수익성과 정보통신기술의 개발

정보보호와 보안 등 여러 가지 측면에 있어서
기술이 개발되고 있기 때문에 4차 산업혁명의 발달에 따라
발전 가능성이 높음

↓

유럽의 경우에 있어서도 이와 같은 기술의 발달에 차이점이
존재하기 때문에 국가별로 당연히 인터넷관련 은행의 수익성에
차이점이 발견되고 있기도 한 상황

이와 같은 은행들에 있어서의 수익성을 비교할 경우에 있어서는 자산에 대한

수익률 개념을 활용할 수 있다. 여기에 있어서 기업들의 당기의 순이익에 대하여 자산의 총액으로 나누어 구하면 계산해 낼 수 있다. 한편 투자 자본에 대한 수익률의 개념도 활용할 수 있는데, 투자자들의 자원투자로 인하여 얻게 된 이익이 이것이다.

그림 7-3 ▌ 자산에 대한 수익률의 개념

은행들에 있어서의 수익성을 비교할 경우에 있어서는

자산에 대한 수익률 개념을 활용

↓

기업들의 당기의 순이익에 대하여 자산의 총액으로

나누어 구하면 계산 가능

표 7-2 ▌ 자산에 대한 수익률과 투자 자본에 대한 수익률의 개념

	내용적인 요인
자산에 대한 수익률과 투자 자본에 대한 수익률의 개념	은행들에 있어서의 수익성을 비교할 경우에 있어서는 자산에 대한 수익률 개념을 활용할 수 있다. 여기에 있어서 기업들의 당기의 순이익에 대하여 자산의 총액으로 나누어 구하면 계산해 낼 수 있다. 한편 투자 자본에 대한 수익률의 개념도 활용할 수 있는데, 투자자들의 자원투자로 인하여 얻게 된 이익이 이것이다.

그림 7-4 ▌ 자본에 대한 수익률의 개념

투자 자본에 대한 수익률의 개념

↓

투자자들의 자원투자로 인하여 얻게 된 이익

2019년 10월 하순 들어 부동산시장의 경우 여전히 긍정적인 역할을 하고 있다. 이는 투자의 기본 요소 둘 중에 하나인 건설투자와 연결되어 있어서 경기에도 중요한 역할을 하고 있기도 하다.

부동산시장의 경우 미국을 중심으로 하는 금리인하가 이어지고 한국에 있어서도 이에 대한 동조 가능성이 있음으로 인하여 유동성풍부 현상으로 인해 투자 유망한 지역에 대한 투자가 이어지고 있다. 그리고 투자 유망지역 내에 있어서도 평형을 중심으로 하여 이전과 다른 양상을 보이고 있기도 한 상황이다. 유동성과 관련하여서는 2019년 4분기 들어서도 완화적인 통화정책에 대한 시장의 기대와 함께 기업들의 실적개선에 대한 기대도 있는 상황이다.

그림 7-5 ▎ 건설투자와 부동산시장

2019년 10월 하순 들어 부동산시장의 경우

여전히 긍정적인 역할

↓

투자의 기본 요소 둘 중에 하나인

건설투자와 연결되어 있어서 경기에도 중요한 역할

표 7-3 ▎ 부동산시장과 유동성

	내용적인 요인
부동산시장과 유동성	2019년 10월 하순 들어 부동산시장의 경우 여전히 긍정적인 역할을 하고 있다. 이는 투자의 기본 요소 둘 중에 하나인 건설투자와 연결되어 있어서 경기에도 중요한 역할을 하고 있기도 하다.
	부동산시장의 경우 미국을 중심으로 하는 금리인하가 이어지고 한국에 있어서도 이에 대한 동조 가능성이 있음으로 인하여 유동성풍부 현상으로 인해 투자 유망한 지역에 대한 투자가 이어지고 있다. 그리고 투자 유망지역 내에 있어서도 평형을 중심으로 하여 이전과 다른 양상을 보이고 있기도 한 상황이다. 유동성과 관련하여서는 2019년 4분기 들어서도 완화적인 통화정책에 대한 시장의 기대와 함께 기업들의 실적개선에 대한 기대도 있는 상황이다.

그림 7-6 ▌부동산시장과 유동성

부동산시장의 경우

↓

미국을 중심으로 하는 금리인하가 이어지고 한국에 있어서도
이에 대한 동조 가능성이 있음으로 인하여 유동성풍부 현상으로
인해 투자 유망한 지역에 대한 투자가 이어지고 있음

↓

투자 유망지역 내에 있어서도 평형을 중심으로 하여
이전과 다른 양상을 보이고 있기도 한 상황

그림 7-7 ▌유동성과 통화정책 및 기업들의 실적개선

유동성

↓

2019년 4분기 들어서도 완화적인 통화정책에 대한 시장의
기대와 함께 기업들의 실적개선에 대한 기대도 있는 상황

제2절   2020년 미국의 주택경기와 세계경기

(그림 7−8)에는 거시경제 분석 지표 중 경제성장률과 수출물가등락률이 나타
나 있다. 여기서 기간은 경제성장률은 2018년 2월과 5월, 8월, 11월 및 2019년 2
월과 5월이고, 수출물가등락률은 2018년 2월과 5월, 8월, 11월 및 2019년 2월, 8
월까지이다.

자료는 한국은행에서 제공하는 경제통계시스템인 간편 검색을 통하여 구한 수
치이다. 그리고 경제성장률과 수출물가등락률의 단위는 %이다. 이 기간 동안 경
제성장률과 수출물가등락률의 상관계수는 0.41을 나타내고 있다.

2019년 10월 하순 들어 2020년 미국의 경제는 주택경기의 상승과 고용경기가
양호한 흐름을 지속할 것으로 판단되어 가계부문의 경기가 긍정적인 흐름을 지속
할 것으로 판단된다. 하지만 불확실성이 있을 수도 있음으로 시장에서는 신중하게

판단하여야 한다는 의견이 있음도 주시해야 한다.

그림 7-8 ▮ 거시경제 분석 지표 중 경제성장률과 수출물가등락률

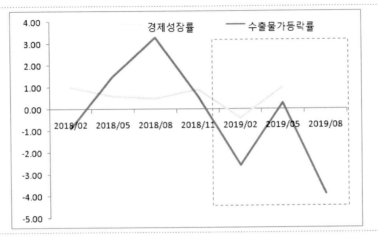

그림 7-9 ▮ 거시경제 분석 지표 중 경제성장률과 수입물가등락률

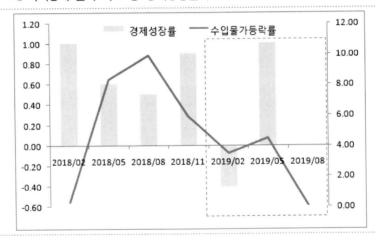

(그림 7-9)에는 거시경제 분석 지표 중 경제성장률과 수입물가등락률이 나타 나 있다. 여기서 기간은 경제성장률은 2018년 2월과 5월, 8월, 11월 및 2019년 2 월과 5월이고, 수입물가등락률은 2018년 2월과 5월, 8월, 11월 및 2019년 2월, 8 월까지이다.

자료는 한국은행에서 제공하는 경제통계시스템인 간편 검색을 통하여 구한 수치이다. 그리고 경제성장률과 수입물가등락률의 단위는 %이다. 이 기간 동안 경제성장률과 수입물가등락률의 상관계수는 −0.09를 나타내고 있다.

국제통화기금(International Monetary Fund)의 경우 2020년 세계경제의 성장률과 관련하여 2019년보다 약간 상승할 수 있을 것으로 판단하고 있다. 하지만 세계적인 저금리기조가 세계 금융위기(financial crisis)로 연결되지 않아야 하는 숙제를 안고 있고, 미국과 중국의 무역이슈가 안정을 찾아가는 것이 무엇보다 중요함을 지적하고 있다.

1. 유럽의 경우 인터넷관련 은행의 수익성과 정보통신기술의 개발에 대하여 설명하시오.

정답

	내용적인 요인
유럽의 경우 인터넷관련 은행의 수익성과 정보통신기술의 개발	유럽의 경우 실무적인 데이터를 살펴볼 때, 인터넷관련 은행의 수익성이 인터넷관련 은행 및 전통적인 은행업을 유지하는 혼합적인 은행의 50% 정도를 보이는 것으로 알려져 있다. 따라서 아직 유럽의 경우에 있어서도 인터넷관련 은행이 발전해야 하는 측면이 있는 것이다.
	정보보호와 보안 등 여러 가지 측면에 있어서 기술이 개발되고 있기 때문에 4차 산업혁명의 발달에 따라 발전 가능성이 높다고 볼 수도 있다. 유럽의 경우에 있어서도 이와 같은 기술의 발달에 차이점이 존재하기 때문에 국가별로 당연히 인터넷관련 은행의 수익성에서 차이점이 발견되고 있기도 한 상황이다.

2. 자산에 대한 수익률과 투자 자본에 대한 수익률의 개념에 대하여 설명하시오.

정답

	내용적인 요인
자산에 대한 수익률과 투자 자본에 대한 수익률의 개념	은행들에 있어서의 수익성을 비교할 경우에 있어서는 자산에 대한 수익률 개념을 활용할 수 있다. 여기에 있어서 기업들의 당기의 순이익에 대하여 자산의 총액으로 나누어 구하면 계산해 낼 수 있다. 한편 투자 자본에 대한 수익률의 개념도 활용할 수 있는데, 투자자들의 자원투자로 인하여 얻게 된 이익이 이것이다.

3. 부동산시장과 유동성에 대하여 설명하시오.

정답

	내용적인 요인
부동산시장과 유동성	2019년 10월 하순 들어 부동산시장의 경우 여전히 긍정적인 역할을 하고 있다. 이는 투자의 기본 요소 둘 중에 하나인 건설투자와 연결되어 있어서 경기에도 중요한 역할을 하고 있기도 하다.
	부동산시장의 경우 미국을 중심으로 하는 금리인하가 이어지고 한국에 있어서도 이에 대한 동조 가능성이 있음으로 인하여 유동성풍부 현상으로 인해 투자 유망한 지역에 대한 투자가 이어지고 있다. 그리고 투자 유망지역 내에 있어서도 평형을 중심으로 하여 이전과 다른 양상을 보이고 있기도 한 상황이다. 유동성과 관련하여서는 2019년 4분기 들어서도 완화적인 통화정책에 대한 시장의 기대와 함께 기업들의 실적개선에 대한 기대도 있는 상황이다.

리츠 미래가치 투자와
그린본드라고 불리는 ESG투자

제1절   부동산(주택 : 아파트)의 투자와 미래가치

2019년 10월 하순의 한국 부동산(주택)시장의 경우 새 아파트와 재건축 아파트에 대한 관심이 있는 상황이다. 일반적으로 재건축 아파트의 경우 유지관리에 따른 비용이 들지만 새로운 건축에 대한 기대감이 이를 상쇄하고도 훨씬 상회하는 가격효과(price effect)가 효과를 발휘하고 있는 것이다. 따라서 대형 아파트의 경우 2019년 10월 하순 들어 가장 주목받는 측면도 있는 것이다.

일반적으로 부동산(주택)의 구매가격도 미래가치(future value)에 따른 기대감으로 움직이는 것도 사실이고 경기에 의하여 실질적으로 좌우되기도 하는 것이다. 즉 실제로 국민들이 벌어들이는 실질국민소득이 중요한 요인인 것이다.[1]

---

1 FCA(2016), Access to Financial Services in the UK.

그림 8-1 ▎ 한국 부동산(주택)시장의 경우 새 아파트와 재건축 아파트에 대한 투자 견해

2019년 10월 하순의 한국 부동산(주택)시장의 경우

새 아파트와 재건축 아파트에 대한 관심이 있는 상황

↓

일반적으로 재건축 아파트의 경우 유지관리에 따른 비용이
들지만 새로운 건축에 대한 기대감이 이를 상쇄하고도 훨씬
상회하는 가격효과(price effect)가 효과를 발휘하고 있는 것

↓

대형 아파트의 경우 2019년 10월 하순 들어
가장 주목 받는 측면도 있는 것

표 8-1 ▎ 한국 부동산(주택)의 구매와 미래가치(future value)

	내용적인 요인
한국 부동산(주택)의 구매와 미래가치(future value)	2019년 10월 하순의 한국 부동산(주택)시장의 경우 새 아파트와 재건축 아파트에 대한 관심이 있는 상황이다. 일반적으로 재건축 아파트의 경우 유지관리에 따른 비용이 들지만 새로운 건축에 대한 기대감이 이를 상쇄하고도 훨씬 상회하는 가격효과(price effect)가 효과를 발휘하고 있는 것이다. 따라서 대형 아파트의 경우 2019년 10월 하순 들어 가장 주목받는 측면도 있는 것이다.
	일반적으로 부동산(주택)의 구매가격도 미래가치(future value)에 따른 기대감으로 움직이는 것도 사실이고 경기에 의하여 실질적으로 좌우되기도 하는 것이다. 즉 실제로 국민들이 벌어들이는 실질국민소득이 중요한 요인인 것이다.

그림 8-2 ▎ 부동산(주택)의 구매와 실질국민소득

부동산(주택)의 구매가격도 미래가치(future value)에 따른
기대감으로 움직이는 것도 사실이고 경기에 의하여
실질적으로 좌우

↓

실제로 국민들이 벌어들이는 실질국민소득이 중요한 요인

그리고 인구학적인 요인과 부동산 정책 등도 매우 중요하기도 하다. 그리고 금융과 연계된 DTI와 LTV와 같은 변화 요인들이 있을 경우에 이들도 영향을 줄 수 있다. 따라서 비용편익분석 방법과 같이 투자와 이에 따른 이익 사이에서 구매 자들의 주관적인 판단에 의해서 구매행위와 연계되는 것이다.

DTI는 대출상환액의 경우 소득에서 차지하는 일정비율 이상이 되지 않게 제한하는 제도이다. 그리고 LTV는 주택담보대출비율과 주택담보에 의한 대출을 감안하여 계산해 나는 제도를 의미한다.

그림 8-3 ▌ 인구학적인 요인과 정책, DTI 및 LTV 등 부동산(주택)수요에 주는 요인

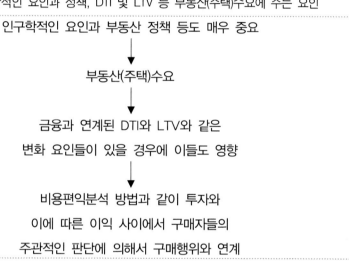

인구학적인 요인과 부동산 정책 등도 매우 중요

↓

부동산(주택)수요

↓

금융과 연계된 DTI와 LTV와 같은
변화 요인들이 있을 경우에 이들도 영향

↓

비용편익분석 방법과 같이 투자와
이에 따른 이익 사이에서 구매자들의
주관적인 판단에 의해서 구매행위와 연계

표 8-2 ▌ 인구학적인 요인과 정책, DTI 및 LTV 등 부동산(주택)수요에 주는 요인

	내용적인 요인
인구학적인 요인과 부동산 정책, DTI 및 LTV 등 부동산(주택)수요에 주는 요인	인구학적인 요인과 부동산 정책 등도 매우 중요하기도 하다. 그리고 금융과 연계된 DTI와 LTV와 같은 변화 요인들이 있을 경우에 이들도 영향을 줄 수 있다. 따라서 비용편익분석 방법과 같이 투자와 이에 따른 이익 사이에서 구매자들의 주관적인 판단에 의해서 구매행위와 연계되는 것이다.
	DTI는 대출상환액의 경우 소득에서 차지하는 일정비율 이상이 되지 않게 제한하는 제도이다. 그리고 LTV는 주택담보대출비율과 주택담보에 의한 대출을 감안하여 계산해 나는 제도를 의미한다.

그림 8-4 ▌ DTI제도와 부동산(주택) 수요

DTI

↓

대출상환액의 경우 소득에서 차지하는 일정비율 이상이

되지 않게 제한하는 제도

그림 8-5 ▌ LTV제도와 부동산(주택) 수요

LTV

↓

주택담보대출비율과 주택담보에 의한 대출을 감안하여

계산해 내는 제도

그리고 세제 정책도 아주 중요한 요인들 중에 하나이다. 예를 들어 1세대 2주택자 이상인 구매자들의 경우 중과세제도와 같은 요인들의 변화에도 민감한 반응을 나타내기도 한다. 이른 바 '똘똘한' 한 채의 효과로 인하여 소형 위주에서 중대형에 대한 관심이 일어나기도 하는 것이다.

이는 수요와 공급의 법칙에 따라 시장이 움직이기도 하지만 부동산(주택)시장의 경우 세제 정책 등까지 부분균형 분석보다는 여러 가지 요인들을 함께 분석하는 일반균형 분석이 보다 적합할 수도 있다고 시장에서는 판단하고 있다.

표 8-3 ▌ 세제 정책과 부동산(주택 : 아파트) 수요

	내용적인 요인
세제 정책과 부동산(주택 : 아파트) 수요	세제 정책도 아주 중요한 요인들 중에 하나이다. 예를 들어 1세대 2주택자 이상인 구매자들의 경우 중과세제도와 같은 요인들의 변화에도 민감한 반응을 나타내기도 한다. 이른 바 '똘똘한' 한 채의 효과로 인하여 소형 위주에서 중대형에 대한 관심이 일어나기도 하는 것이다.
	수요와 공급의 법칙에 따라 시장이 움직이기도 하지만 부동산(주택)시장의 경우 세제 정책 등까지 부분균형 분석보다는 여러 가지 요인들을 함께 분석하는 일반균형 분석이 보다 적합할 수도 있다고 시장에서는 판단하고 있다.

그림 8-6 ▌ 세제 정책과 부동산(주택 : 아파트) 수요의 관계도

세제 정책도 아주 중요한 요인들 중에 하나임

↓

1세대 2주택자 이상인 구매자들의 경우 중과세 제도와
같은 요인들의 변화에도 민감한 반응을 나타내기도 함

↓

'똑똑한' 한 채의 효과로 인하여
소형 위주에서 중대형에 대한 관심이
일어나기도 하는 것

그림 8-7 ▌ 수요와 공급의 법칙과 부동산(주택 : 아파트)시장 및 일반균형분석의 적용

수요와 공급의 법칙

↓

부동산(주택 : 아파트) 시장

↑

세제 정책 등까지 부분균형 분석보다는
여러 가지 요인들을 함께 분석하는
일반균형 분석이 보다 적합할 수도
있다고 시장에서는 판단

이는 세제와 함께 부동산의 보유기간과 함께 정부 정책에 의하여 움직이는 점도 주목해야 하는 점이다. 따라서 구매자들이 원하는 수익을 얻는 것과 현재의 수요와 공급, 도시재개발과 같은 정책요인들까지 파악하여야 하는 고차원적인 영향과 효과들이 동시에 존재해 나가는 시장이 부동산(주택)시장인 것이다.

표 8-4 ▎ 부동산(주택 : 아파트)의 보유기간과 학군과 역세권, 금리정책에 따른 유동성

	내용적인 요인
부동산(주택 : 아파트)의 보유기간과 학군과 역세권, 금리정책에 따른 유동성	세제와 함께 부동산의 보유기간과 함께 정부 정책에 의하여 움직이는 점도 주목해야 하는 점이다. 따라서 구매자들이 원하는 수익을 얻는 것과 현재의 수요와 공급, 도시재개발과 같은 정책요인들까지 파악하여야 하는 고차원적인 영향과 효과들이 동시에 존재해 나가는 시장이 부동산(주택)시장인 것이다.
	학생들의 학군과 역세권과 같은 측면, 병원과 마트와 같은 편의시설까지 많은 요인들이 부동산(주택) 시장에는 영향을 주고 있다. 또한 미국을 중심으로 하는 금리정책도 유동성으로 인하여 부동산(주택) 시장에 영향을 나타내고 있는 것이다.

그리고 학생들의 학군과 역세권과 같은 측면, 병원과 마트와 같은 편의시설까지 많은 요인들이 부동산(주택) 시장에는 영향을 주고 있다. 또한 미국을 중심으로 하는 금리정책도 유동성으로 인하여 부동산(주택) 시장에 영향을 나타내고 있는 것이다.

그림 8-8 ▎ 부동산의 보유기간과 학군과 역세권, 도시재개발과 같은 정책요인

세제와 함께 부동산의 보유기간과 함께
정부 정책에 의하여 움직이는 점도 주목

↓

구매자들이 원하는 수익을 얻는 것과 현재의 수요와 공급, 도시
재개발과 같은 정책요인들까지 파악하여야 하는 고차원적인
영향과 효과들이 동시에 존재해 나가는 시장이 부동산(주택)시장

그림 8-9 ▌ 부동산(주택 : 아파트)의 학군과 역세권, 금리정책에 따른 유동성의 관계

학생들의 학군과 역세권과 같은 측면, 병원과 마트와 같은
편의시설까지 많은 요인들이 부동산(주택) 시장에는 영향

↓

미국을 중심으로 하는 금리정책도 유동성으로 인하여
부동산(주택) 시장에 영향

한편 비트코인과 같은 가상화폐 시장에서 중국의 블록체인(Blockchain) 산업에 대한 육성적인 접근법으로 인하여 급등하는 가격을 나타내고 있기도 하다. 이는 국가들에 있어서의 관심도가 또한 자산 가격(asset pricing)에는 중요한 역할을 할 수 있다는 측면이다.

표 8-5 ▌ 비트코인과 중국의 블록체인(Blockchain) 산업

	내용적인 요인
비트코인과 중국의 블록체인 (Blockchain) 산업	비트코인과 같은 가상화폐 시장에서 중국의 블록체인(Blockchain) 산업에 대한 육성적인 접근법으로 인하여 급등하는 가격을 나타내고 있기도 하다. 이는 국가들에 있어서의 관심도가 또한 자산 가격 (asset pricing)에는 중요한 역할을 할 수 있다는 측면이다.

그림 8-10 ▌ 비트코인과 중국의 블록체인(Blockchain) 산업에 대한 투자

비트코인과 같은 가상화폐 시장에서 중국의 블록체인(Blockchain)
산업에 대한 육성적인 접근법으로 인하여 급등하는 가격

↓

국가들에 있어서의 관심도가 또한 자산 가격(asset pricing)에는
중요한 역할을 할 수 있다는 측면

그림 8-11 ▏ 거시경제 분석 지표 중 경제성장률과 주택매매가격등락률(전도시, KB)

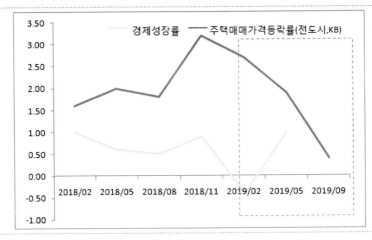

(그림 8-11)에는 거시경제 분석 지표 중 경제성장률과 주택매매가격등락률 (전도시, KB)이 나타나 있다. 여기서 기간은 경제성장률은 2018년 2월과 5월, 8월, 11월 및 2019년 2월과 5월이고, 주택매매가격등락률(전도시, KB)은 2018년 2월과 5월, 8월, 11월 및 2019년 2월, 9월까지이다.

자료는 한국은행에서 제공하는 경제통계시스템인 간편 검색을 통하여 구한 수치이다. 그리고 경제성장률과 주택매매가격등락률(전도시, KB)의 단위는 %이다. 이 기간 동안 경제성장률과 주택매매가격등락률(전도시, KB)의 상관계수는 −0.32 를 나타내고 있다.

2019년 10월 하순 들어 분양가상한제 본격 시행을 앞둔 시점과 관련하여 전세에 관심을 갖는 것과 같은 움직임도 나타나고 있다. 이는 부동산(주택 : 아파트)에 대한 미래가치에 대한 전망에 대하여 상승 쪽에 무게를 두고 있는 현상과 연결된 측면이 있는 것이다.

표 8-6 ▌ 분양가상한제와 미래가치, 전세시장

	내용적인 요인
분양가상한제와 미래가치, 전세시장	2019년 10월 하순 들어 분양가상한제 본격 시행을 앞둔 시점과 관련하여 전세에 관심을 갖는 것과 같은 움직임도 나타나고 있다. 이는 부동산(주택 : 아파트)에 대한 미래가치에 대한 전망에 대하여 상승 쪽에 무게를 두고 있는 현상과 연결된 측면이 있는 것이다.

그림 8-12 ▌ 분양가상한제와 미래가치, 전세시장

2019년 10월 하순 들어 분양가상한제 본격 시행을 앞둔 시점과
관련하여 전세에 관심을 갖는 것과 같은 움직임

↓

부동산(주택 : 아파트)에 대한 미래가치에 대한 전망에 대하여
상승 쪽에 무게를 두고 있는 현상과 연결된 측면

투기와 투자를 구분하는 것이 쉽지만은 않은 것이 현실이다. 투기는 일반적으로 기간으로 볼 때 단기와 주로 연계되어 있는 반면에 투자는 가치투자(value investment)에서도 알 수 있는 것과 같이 단기와 주로 연계되어 있지는 않은 특징을 지니고 있다.

투기와 투자는 모두 가격상승과 이에 따른 이익실현에 대하여 관심을 가진다는 공통점 때문에 구분하기 어려운 것이다. 투기와 관련하여서는 투자에 비하여 보다 민감하게 시장동향에 대하여 관심을 가진다.

투자는 시장동향 뿐만 아니라 내재가치와 통화 및 금융의 정책을 비롯한 다양한 분석을 하여 단기에 국한하지 않는다는 특징을 갖는 것이다. 따라서 투자는 투기보다 분석적인 접근이 주로 사용하는 것이 일반적이라는 특징을 갖게 되는 것이다.

그리고 투자는 투기와 달리 원금에 대하여 안전한지가 보다 중요한 분석 가치로서 자리매김을 하고 있으며 위험대비 수익률에 대하여 철저한 분석적인 접근법이 이루어지는 것이 일반적인 것이다.

표 8-7 ▮ 투기와 투자의 차이점과 가치투자(value investment)

	내용적인 요인
투기와 투자의 차이점과 가치투자(value investment)	투기와 투자를 구분하는 것이 쉽지만은 않은 것이 현실이다. 투기는 일반적으로 기간으로 볼 때 단기와 주로 연계되어 있는 반면에 투자는 가치투자(value investment)에서도 알 수 있는 것과 같이 단기와 주로 연계되어 있지는 않은 특징을 지니고 있다.
	투기와 투자는 모두 가격상승과 이에 따른 이익실현에 대하여 관심을 가진다는 공통점 때문에 구분하기 어려운 것이다. 투기와 관련하여서는 투자에 비하여 보다 민감하게 시장동향에 대하여 관심을 가진다.
	투자는 시장동향뿐만 아니라 내재가치와 통화 및 금융의 정책을 비롯한 다양한 분석을 하여 단기에 국한하지 않는다는 특징을 갖는 것이다. 따라서 투자는 투기보다 분석적인 접근이 주로 사용하는 것이 일반적이라는 특징을 갖게 되는 것이다.
	투자는 투기와 달리 원금에 대하여 안전한지가 보다 중요한 분석 가치로서 자리매김을 하고 있으며 위험대비 수익률에 대하여 철저한 분석적인 접근법이 이루어지는 것이 일반적인 것이다.

그림 8-13 ▮ 투기와 투자의 기간에 따른 구분

투기와 투자를 구분하는 것이 쉽지만은 않은 것이 현실

↓

투기는 일반적으로 기간으로 볼 때 단기와 주로 연계되어 있는
반면에 투자는 가치투자(value investment)에서도 알 수 있는
것과 같이 단기와 주로 연계되어 있지는 않은 특징

그림 8-14 ▮ 투기와 시장동향

투기와 투자는 모두 가격상승과 이에 따른 이익실현에 대하여
관심을 가진다는 공통점 때문에 구분하기 어려운 것

↓

투기와 관련하여서는 투자에 비하여 보다 민감하게
시장동향에 대하여 관심을 가짐

그림 8-15 ▎ 투자의 분석적인 특징

투자는 시장동향뿐만 아니라 내재가치와 통화 및 금융의 정책을
비롯한 다양한 분석을 하여 단기에 국한하지 않는다는 특징

↓

투자는 투기보다 분석적인 접근이 주로 사용하는 것이
일반적이라는 특징

그림 8-16 ▎ 투자의 위험대비 수익률 분석의 접근법과 안전자산

투자는 투기와 달리 원금에 대하여 안전한지가 보다
중요한 분석 가치로서 자리매김

↓

위험대비 수익률에 대하여 철저한 분석적인 접근법이
이루어지는 것이 일반적인 것

미래의 가치와 관련된 투자에서는 한국의 경우 매출액보다는 기업의 성장성과
기술력을 보고 투자하는 기업에 대한 가치투자에 대하여 관심을 기울이고 있다.
이는 벤처캐피탈을 비롯하여 실효성이 있는 뒷받침이 있어야 하는 것인데, 이를
위하여 창업을 비롯한 지원체계가 보다 강화될 필요성에 대하여 시장전문가들은
판단하고 있기도 한 상황이다.

표 8-8 ▎ 미래의 가치와 관련된 가치투자

	내용적인 요인
미래의 가치와 관련된 가치투자	미래의 가치와 관련된 투자에서는 한국의 경우 매출액보다는 기업의 성장성과 기술력을 보고 투자하는 기업에 대한 가치투자에 대하여 관심을 기울이고 있다. 이는 벤처캐피탈을 비롯하여 실효성이 있는 뒷받침이 있어야 하는 것인데, 이를 위하여 창업을 비롯한 지원체제가 보다 강화될 필요성에 대하여 시장전문가들은 판단하고 있기도 한 상황이다.

그림 8-17 ▌ 미래의 가치와 관련된 가치투자

미래의 가치와 관련된 투자에서는 한국의 경우 매출액보다는

기업의 성장성과 기술력을 보고 투자하는 기업에 대한

가치투자에 대하여 관심을 기울이고 있음

↓

벤처캐피탈을 비롯하여 실효성이 있는 뒷받침이 있어야 함

↓

이를 위하여 창업을 비롯한 지원체계가 보다 강화될 필요성에

대하여 시장전문가들은 판단하고 있기도 한 상황

(그림 8 - 18)에는 거시경제 분석 지표 중 경제성장률(좌축)과 아파트매매가격
등락률(서울, KB, 우축)이 나타나 있다. 여기서 기간은 경제성장률은 2018년 2월과
5월, 8월, 11월 및 2019년 2월과 5월이고, 아파트매매가격등락률(서울, KB)은 2018
년 2월과 5월, 8월, 11월 및 2019년 2월, 9월까지이다.

자료는 한국은행에서 제공하는 경제통계시스템인 간편 검색을 통하여 구한 수
치이다. 그리고 경제성장률과 아파트매매가격등락률(서울, KB)의 단위는 %이다.
이 기간 동안 경제성장률과 아파트매매가격등락률(서울, KB)의 상관계수는 − 0.24
를 나타내고 있다.

그림 8-18 ▌ 거시경제 분석 지표 중 경제성장률(좌축)과 아파트매매가격등락률(서울, KB,
우축)

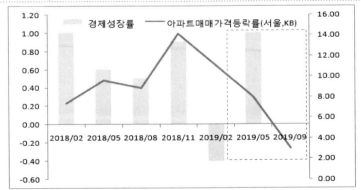

리츠의 투자와 그린본드라고 불리는 ESG투자

주식시장과 채권시장의 경우 매수와 매도의 주체들은 개인투자자와 기관투자자, 외국인투자자들로 구성되어 있다. 이 중에서 개인투자자들은 개인의 주관적인 판단과 분석 및 직관, 정보 등에 의하여 투자를 하는 경제행위의 주체이다.

그리고 개인투자자들을 소매의 투자자라고 부르기도 한다. 기관 투자자들은 투자은행을 비롯한 상업은행과 투자회사들 그리고 보험회사를 비롯한 연기금과 기타의 금융기관들로 구성되어 있다.

표 8-9 ▌ 개인투자자와 기관투자자, 외국인투자자들의 투자

	내용적인 요인
개인투자자와 기관투자자, 외국인투자자들의 투자	주식시장과 채권시장의 경우 매수와 매도의 주체들은 개인투자자와 기관투자자, 외국인투자자들로 구성되어 있다. 이 중에서 개인투자자들은 개인의 주관적인 판단과 분석 및 직관, 정보 등에 의하여 투자를 하는 경제행위의 주체이다.
	개인투자자들을 소매의 투자자라고 부르기도 한다. 기관 투자자들은 투자은행을 비롯한 상업은행과 투자회사들 그리고 보험회사를 비롯한 연기금과 기타의 금융기관들로 구성되어 있다.

그림 8-19 ▌ 개인투자자와 기관투자자, 외국인투자자들의 투자

주식시장과 채권시장의 경우 매수와 매도의 주체들은
개인투자자와 기관투자자, 외국인투자자들로 구성

↓

개인투자자들은 개인의 주관적인 판단과 분석 및 직관,
정보 등에 의하여 투자를 하는 경제행위의 주체

그림 8-20 ▌ 소매의 투자자와 기관 투자자들의 구성

개인투자자들을 소매의 투자자라고 부르기도 함

↓

기관 투자자들은 투자은행을 비롯한 상업은행과 투자회사들
그리고 보험회사를 비롯한 연기금과 기타의 금융기관들로 구성

투자와 관련된 제도들은 시간의 흐름에 따라 변화하기도 한다.[2] 이는 기관 투자자들의 투자 경향상 세계적으로 겸영과 함께 해외 투자를 비롯하여 기관의 대형을 통한 규모경제효과(effect as a scale of economic)를 누리도록 진전이 이루어졌기 때문이다.

부동산의 경우 리츠의 투자가 소액에 의한 향후 투자가치가 높은 부동산부문에 대한 투자매력도로 인하여 활성화되는 측면이 있다고 시장에서는 보고 있다. 2019년 10월 하순까지 동향을 살펴보면 그린본드라고 불리는 ESG투자에 대한 투자가 주목을 받고 있다.

이는 발행되는 자금에 대하여 녹색과 친환경(environmental)부문의 사업과 관련해 투자하게 되는 채권을 의미한다.

표 8-10 ▌ 기관 투자자들의 투자 경향과 리츠의 투자

	내용적인 요인
기관 투자자들의 투자 경향과 리츠의 투자	투자와 관련된 제도들은 시간의 흐름에 따라 변화하기도 한다. 이는 기관 투자자들의 투자 경향상 세계적으로 겸영과 함께 해외 투자를 비롯하여 기관의 대형을 통한 규모경제효과(effect as a scale of economic)를 누리도록 진전이 이루어졌기 때문이다.
	부동산의 경우 리츠의 투자가 소액에 의한 향후 투자가치가 높은 부동산부문에 대한 투자매력도로 인하여 활성화되는 측면이 있다고 시장에서는 보고 있다. 2019년 10월 하순까지 동향을 살펴보면 그린본드라고 불리는 'ESG투자'에 대한 투자가 주목을 받고 있다.
	이는 발행되는 자금에 대하여 녹색과 친환경(environmental)부문의 사업과 관련해 투자하게 되는 채권을 의미한다.

---

2 Pitch Book(2016), How Fintech is Reshaping Asset Management.

그림 8-21 ▌기관 투자자들의 투자 경향과 규모경제효과

투자와 관련된 제도들은 시간의 흐름에 따라 변화

↓

기관 투자자들의 투자 경향상 세계적으로 겸영과 함께
해외 투자를 비롯하여 기관의 대형을 통한
규모경제효과(effect as a scale of economic)를 누리도록
진전이 이루어졌기 때문

그림 8-22 ▌리츠의 투자와 그린본드라고 불리는 ESG투자

부동산의 경우 리츠의 투자가 소액에 의한
향후 투자가치가 높은 부동산부문에 대한 투자매력도로
인하여 활성화되는 측면이 있다고 시장에서는 보고 있음

↓

2019년 10월 하순까지 동향을 살펴보면 그린본드라고 불리는
ESG투자에 대한 투자가 주목을 받고 있음

그림 8-23 ▌ESG투자 : 녹색과 친환경부문의 사업과 관련해 투자하게 되는 채권

ESG투자

↓

발행되는 자금에 대하여 녹색과 친환경(environmental)부문의
사업과 관련해 투자하게 되는 채권을 의미

(그림 8-24)에는 거시경제 분석 지표 중 경제성장률(좌축)과 WTI 현물유가
등락률(우축)이 나타나 있다. 여기서 기간은 경제성장률은 2018년 2월과 5월, 8월,
11월 및 2019년 2월과 5월이고, WTI 현물유가등락률은 2018년 2월과 5월, 8월,
11월 및 2019년 2월, 9월까지이다.

자료는 한국은행에서 제공하는 경제통계시스템인 간편 검색을 통하여 구한 수
치이다. 그리고 경제성장률과 WTI 현물유가등락률의 단위는 %이다. 이 기간 동

안 경제성장률과 WTI 현물유가등락률의 상관계수는 −0.05를 나타내고 있다.

그림 8-24 ▌ 거시경제 분석 지표 중 경제성장률(좌축)과 WTI 현물유가등락률(우축)

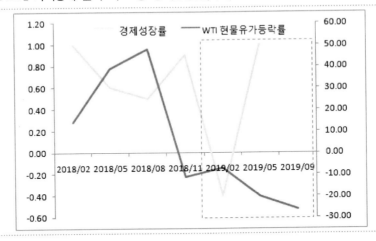

1. 한국 부동산(주택)의 구매와 미래가치(future value)에 대하여 설명하시오.

정답

	내용적인 요인
한국 부동산(주택)의 구매와 미래가치(future value)	2019년 10월 하순의 한국 부동산(주택)시장의 경우 새 아파트와 재건축 아파트에 대한 관심이 있는 상황이다. 일반적으로 재건축 아파트의 경우 유지관리에 따른 비용이 들지만 새로운 건축에 대한 기대감이 이를 상쇄하고도 훨씬 상회하는 가격효과(price effect)가 효과를 발휘하고 있는 것이다. 따라서 대형 아파트의 경우 2019년 10월 하순 들어 가장 주목받는 측면도 있는 것이다.
	일반적으로 부동산(주택)의 구매가격도 미래가치(future value)에 따른 기대감으로 움직이는 것도 사실이고 경기에 의하여 실질적으로 좌우되기도 하는 것이다. 즉 실제로 국민들이 벌어들이는 실질 국민소득이 중요한 요인인 것이다.

2. 인구학적인 요인과 정책, DTI 및 LTV 등 부동산(주택)수요에 주는 요인에 대하여 설명하시오.

정답

	내용적인 요인
인구학적인 요인과 부동산 정책, DTI 및 LTV 등 부동산(주택)수요에 주는 요인	인구학적인 요인과 부동산 정책 등도 매우 중요하기도 하다. 그리고 금융과 연계된 DTI와 LTV와 같은 변화 요인들이 있을 경우에 이들도 영향을 줄 수 있다. 따라서 비용편익분석 방법과 같이 투자와 이에 따른 이익 사이에서 구매자들의 주관적인 판단에 의해서 구매행위와 연계되는 것이다.
	DTI는 대출상환액의 경우 소득에서 차지하는 일정비율 이상이 되지 않게 제한하는 제도이다. 그리고 LTV는 주택담보대출비율과 주택담보에 의한 대출을 감안하여 계산해 나는 제도를 의미한다.

3. 세제 정책과 부동산(주택 : 아파트) 수요에 대하여 설명하시오.

정답

	내용적인 요인
세제 정책과 부동산(주택 : 아파트) 수요	세제 정책도 아주 중요한 요인들 중에 하나이다. 예를 들어 1세대 2주택자 이상인 구매자들의 경우 중과세제도와 같은 요인들의 변화에도 민감한 반응을 나타내기도 한다. 이른 바 '똘똘한' 한 채의 효과로 인하여 소형 위주에서 중대형에 대한 관심이 일어나기도 하는 것이다.
	수요와 공급의 법칙에 따라 시장이 움직이기도 하지만 부동산(주택)시장의 경우 세제 정책 등까지 부분균형 분석보다는 여러 가지 요인들을 함께 분석하는 일반균형 분석이 보다 적합할 수도 있다고 시장에서는 판단하고 있다.

4. 부동산(주택 : 아파트)의 보유기간과 학군과 역세권, 금리정책에 따른 유동성에 대하여 설명하시오.

정답

	내용적인 요인
부동산(주택 : 아파트)의 보유기간과 학군과 역세권, 금리정책에 따른 유동성	세제와 함께 부동산의 보유기간과 함께 정부 정책에 의하여 움직이는 점도 주목해야 하는 점이다. 따라서 구매자들이 원하는 수익을 얻는 것과 현재의 수요와 공급, 도시재개발과 같은 정책요인들까지 파악하여야 하는 고차원적인 영향과 효과들이 동시에 존재해 나가는 시장이 부동산(주택)시장인 것이다.
	학생들의 학군과 역세권과 같은 측면, 병원과 마트와 같은 편의시설까지 많은 요인들이 부동산(주택) 시장에는 영향을 주고 있다. 또한 미국을 중심으로 하는 금리정책도 유동성으로 인하여 부동산(주택) 시장에 영향을 나타내고 있는 것이다.

5. 비트코인과 중국의 블록체인(Blockchain) 산업에 대하여 설명하시오.

정답

	내용적인 요인
비트코인과 중국의 블록체인(Blockchain) 산업	비트코인과 같은 가상화폐 시장에서 중국의 블록체인(Blockchain) 산업에 대한 육성적인 접근법으로 인하여 급등하는 가격을 나타내고 있기도 하다. 이는 국가들에 있어서의 관심도가 또한 자산 가격(asset pricing)에는 중요한 역할을 할 수 있다는 측면이다.

6. 분양가상한제와 미래가치, 전세시장에 대하여 설명하시오.

정답

	내용적인 요인
분양가상한제와 미래가치, 전세시장	2019년 10월 하순 들어 분양가상한제 본격 시행을 앞둔 시점과 관련하여 전세에 관심을 갖는 것과 같은 움직임도 나타나고 있다. 이는 부동산(주택 : 아파트)에 대한 미래가치에 대한 전망에 대하여 상승 쪽에 무게를 두고 있는 현상과 연결된 측면이 있는 것이다.

7. 투기와 투자의 차이점과 가치투자(value investment)에 대하여 설명하시오.

정답

	내용적인 요인
투기와 투자의 차이점과 가치투자(value investment)	투기와 투자를 구분하는 것이 쉽지만은 않은 것이 현실이다. 투기는 일반적으로 기간으로 볼 때 단기와 주로 연계되어 있는 반면에 투자는 가치투자(value investment)에서도 알 수 있는 것과 같이 단기와 주로 연계되어 있지는 않은 특징을 지니고 있다.
	투기와 투자는 모두 가격상승과 이에 따른 이익실현에 대하여 관심을 가진다는 공통점 때문에 구분하기 어려운 것이다. 투기와 관련하여서는 투자에 비하여 보다 민감하게 시장동향에 대하여 관심을 가진다.
	투자는 시장동향뿐만 아니라 내재가치와 통화 및 금융의 정책을 비롯한 다양한 분석을 하여 단기에 국한하지 않는다는 특징을 갖는 것이다. 따라서 투자는 투기보다 분석적인 접근이 주로 사용하는 것이 일반적이라는 특징을 갖게 되는 것이다.
	투자는 투기와 달리 원금에 대하여 안전한지가 보다 중요한 분석가치로서 자리매김을 하고 있으며 위험대비 수익률에 대하여 철저한 분석적인 접근법이 이루어지는 것이 일반적인 것이다.

8. 미래의 가치와 관련된 가치투자에 대하여 설명하시오.

정답

	내용적인 요인
미래의 가치와 관련된 가치투자	미래의 가치와 관련된 투자에서는 한국의 경우 매출액보다는 기업의 성장성과 기술력을 보고 투자하는 기업에 대한 가치투자에 대하여 관심을 기울이고 있다. 이는 벤처캐피탈을 비롯하여 실효성이 있는 뒷받침이 있어야 하는 것인데, 이를 위하여 창업을 비롯한 지원체계가 보다 강화될 필요성에 대하여 시장전문가들은 판단하고 있기도 한 상황이다.

9. 개인투자자와 기관투자자, 외국인투자자들의 투자에 대하여 설명하시오.

정답

	내용적인 요인
개인투자자와 기관투자자, 외국인투자자들의 투자	주식시장과 채권시장의 경우 매수와 매도의 주체들은 개인투자자와 기관투자자, 외국인투자자들로 구성되어 있다. 이 중에서 개인투자자들은 개인의 주관적인 판단과 분석 및 직관, 정보 등에 의하여 투자를 하는 경제행위의 주체이다.
	개인투자자들을 소매의 투자자라고 부르기도 한다. 기관 투자자들은 투자은행을 비롯한 상업은행과 투자회사들 그리고 보험회사를 비롯한 연기금과 기타의 금융기관들로 구성되어 있다.

10. 기관 투자자들의 투자 경향과 리츠의 투자에 대하여 설명하시오.

정답

	내용적인 요인
기관 투자자들의 투자 경향과 리츠의 투자	투자와 관련된 제도들은 시간의 흐름에 따라 변화하기도 한다. 이는 기관 투자자들의 투자 경향 상 세계적으로 겸영과 함께 해외 투자를 비롯하여 기관의 대형을 통한 규모경제효과(effect as a scale of economic)를 누리도록 진전이 이루어졌기 때문이다.
	부동산의 경우 리츠의 투자가 소액에 의한 향후 투자가치가 높은 부동산부문에 대한 투자매력도로 인하여 활성화되는 측면이 있다고 시장에서는 보고 있다. 2019년 10월 하순까지 동향을 살펴보면 그린본드라고 불리는 'ESG투자'에 대한 투자가 주목을 받고 있다.
	이는 발행되는 자금에 대하여 녹색과 친환경(environmental)부문의 사업과 관련해 투자하게 되는 채권을 의미한다.

제5편

국내 재테크 안전 투자 현상과
미국의 경기와 금리정책

주요국의 대도시의
초밀집지역과 확실성의 등가 투자

제1절　　주요국의 대도시의 초밀집지역과 부동산 가격(주택)의 관계

　　2019년 10월 하순 들어 미국의 경우 주택의 경우 평당 가격이 대도시의 초밀집지역과 그 외의 지역 차이가 현저하게 벌어질 수 있음을 나타내 주고 있다. 이는 미국 이외에 저출산 고령화 영향을 받는 국가들에 있어서 향후 인구가 줄어들 경우에 있어서도 일본의 대도시의 초 밀집지역에서도 이 지역에서의 부동산 가격(주택)의 동향을 주시할 필요성이 있다고 시장 전문가들은 판단하고 있다.

표 9-1 ▍ 주요국의 대도시의 초밀집지역과 부동산 가격(주택)의 동향

	내용적인 요인
주요국의 대도시의 초밀집지역과 부동산 가격(주택)의 동향	2019년 10월 하순 들어 미국의 경우 주택의 경우 평당 가격이 대도시의 초밀집지역과 그 외의 지역 차이가 현저하게 벌어질 수 있음을 나타내 주고 있다. 이는 미국 이외에 저출산 고령화 영향을 받는 국가들에 있어서 향후 인구가 줄어들 경우에 있어서도 일본의 대도시의 초 밀집지역에서도 이 지역에서의 부동산 가격(주택)의 동향을 주시할 필요성이 있다고 시장 전문가들은 판단하고 있다.

그림 9-1 ▍ 주요국의 대도시의 초밀집지역과 부동산 가격(주택)의 관계

2019년 10월 하순 들어 미국의 경우 주택의 경우
평당 가격이 대도시의 초 밀집지역과 그 외의 지역 차이가
현저하게 벌어질 수 있음을 나타내 주고 있음

↓

미국 이외에 저출산 고령화 영향을 받는 국가들에 있어서
향후 인구가 줄어들 경우에 있어서도 일본의 대도시의
초 밀집지역에서도 이 지역에서의 부동산 가격(주택)의
동향을 주시할 필요성이 있음

이는 한국의 부동산(아파트)의 경우에 있어서도 참고가 되어야 한다는 측면을 이들은 주장하고 있는 것이다. 즉 현재의 상승 추세가 높은 지역은 향후에도 이와 같이 지속될지를 지켜봐야 한다고 이들은 주장하고 있는 것이다.

이것은 위치적인 혹은 지리와 관련된 부동산(아파트)의 가격 형성에 대한 주요한 요인 중에 하나이기 때문이다. 결국 부동산(아파트)의 경우 물리적인 위치성과 경제성 사이에 있어서의 상관관계가 높다고 판단하는 것이 시장 전문가들의 견해이기도 하다.

이는 결국 경제성이 사회에 대한 접근의 용이성으로 연결되고, 이는 기술적인 사회간접자본시설과의 상승효과를 가져온다는 것이다. 이는 4차 산업혁명의 발달과 함께 더욱 중요한 가치가 더해질 수 있다는 것이 시장에서의 판단이기도 하다.

사회간접자본의 활성화는 기업들의 경제적인 생산부문에 있어서 지원과 관련된 간접적인 역할을 통하여 생산을 촉진시키게 된다. 따라서 4차 산업혁명시대에 이에 맞는 사회간접자본의 형성은 새로운 형태의 고부가가치의 일자리를 생성하게 되고 이는 고임금으로 연결되어 고소비를 촉진시켜 나가면서 전반적인 경제에 활성화에 도움을 줄 수도 있다는 측면이다.

표 9-2 ▌ 부동산(아파트) 가격과 위치적인 요인과 경제성, 사회에 대한 접근의 용이성

	내용적인 요인
부동산(아파트) 가격과 위치적인 요인과 경제성, 사회에 대한 접근의 용이성	한국의 부동산(아파트)의 경우에 있어서도 참고가 되어야 한다는 측면을 이들은 주장하고 있는 것이다. 즉 현재의 상승 추세가 높은 지역은 향후에도 이와 같이 지속될지를 지켜봐야 한다고 이들은 주장하고 있는 것이다.
	위치적인 혹은 지리와 관련된 부동산(아파트)의 가격 형성에 대한 주요한 요인 중에 하나이기 때문이다. 결국 부동산(아파트)의 경우 물리적인 위치성과 경제성 사이에 있어서의 상관관계가 높다고 판단하는 것이 시장 전문가들의 견해이기도 하다.
	결국 경제성이 사회에 대한 접근의 용이성으로 연결되고, 이는 기술적인 사회간접자본시설과의 상승효과를 가져온다는 것이다. 이는 4차 산업혁명의 발달과 함께 더욱 중요한 가치가 더해질 수 있다는 것이 시장에서의 판단이기도 하다.
	사회간접자본의 활성화는 기업들의 경제적인 생산부문에 있어서 지원과 관련된 간접적인 역할을 통하여 생산을 촉진시키게 된다. 따라서 4차 산업혁명시대에 이에 맞는 사회간접자본의 형성은 새로운 형태의 고부가가치의 일자리를 생성하게 되고 이는 고임금으로 연결되어 고소비를 촉진시켜 나가면서 전반적인 경제에 활성화에 도움을 줄 수도 있다는 측면이다.

그림 9-2 ▌ 부동산(아파트) 가격과 위치적인 요인

한국의 부동산(아파트)의 경우에 있어서도 참고가 되어야 한다는 측면

↓

현새의 상승 주세가 높은 지역은 향후에도
이와 같이 지속될 지를 지켜봐야 함

그림 9-3 ▌ 부동산(아파트) 가격과 위치적인 요인과 경제성의 관계도

부동산(아파트)의 경우 물리적인 위치성과 경제성 사이에 있어서의

상관관계가 높다고 판단

↓

위치적인 혹은 지리와 관련된 부동산(아파트)의

가격 형성에 대한 주요한 요인 중에

하나이기 때문

그림 9-4 ▌ 부동산(아파트) 가격과 경제성, 사회에 대한 접근의 용이성

경제성이 사회에 대한 접근의 용이성으로 연결

↓

기술적인 사회간접자본시설과의 상승효과를 가져온다는 것

↓

4차 산업혁명의 발달과 함께 더욱 중요한 가치가

더해질 수 있다는 것

↓

부동산(아파트) 가격 형성

그리고 상업지역과의 인접성 및 전문가집단의 활동 영역 등도 부동산(아파트, 주택)의 가격과 상관성이 있는 지도 살펴보아야 한다는 것이 시장전문가들의 견해이다. 한국의 경우에는 교육시설을 포함하여 시장과의 접근성, 교통의 편리성, 병원시설 등이 중요한 요소로 판단되는 상황이다.

교육시설과 관련하여서는 각종 산업시설의 편리성과 정주성의 관계에 비하여 적지 않은 비중으로 한국적인 요소에 의하여 부동산(아파트, 주택, 토지 등)에 영향을 주고 있다. 이는 미국도 자녀 교육을 중시하는 풍토가 최근에 가까울수록 증대되어 한국적인 요소로서 더 이상 국한되지는 않는 요소이기도 하다.

그리고 역세권과 초역세권에 따르는 지하철의 이용에 대한 편리성이 중요한 요소로서 자리매김하고 있는 것이다. 이는 앞에서도 언급한 바와 같이 대도시 중

에서 초역세권과 광역의 교통망이 잘 갖춰져 있는 지역에 대한 관심도가 증가하는 것과 무관하지 않은 요인이라고 시장에서는 판단하고 있기도 한 상황이다.

그림 9-5 ▌ 사회간접자본의 활성화와 전반적인 경제 활성화의 관계

사회간접자본의 활성화는 기업들의 경제적인 생산부문에 있어서
지원과 관련된 간접적인 역할을 통하여 생산을 촉진

↓

4차 산업혁명시대에 이에 맞는 사회간접자본의 형성은
새로운 형태의 고부가가치의 일자리를 생성

↓

고임금으로 연결

↓

고소비를 촉진시켜 나가면서 전반적인 경제에 활성화

그림 9-6 ▌ 사회간접자본의 활성화와 부동산(아파트, 주택) 및 경제와의 관계도

상업지역과의 인접성 및 전문가집단의 활동 영역 등도
부동산(아파트, 주택)의 가격과 상관성이 있는지도
살펴보아야 함

↓

한국의 경우에는 교육시설을 포함하여 시장과의
접근성, 교통의 편리성, 병원시설 등이 중요한
요소로 판단

(그림 9-7)에는 거시경제 분석 지표 중 경제성장률(좌축)과 M1(평잔)증감률(우축)이 나타나 있다. 여기서 기간은 경제성장률은 2018년 2월과 5월, 8월, 11월 및 2019년 2월과 5월이고, M1(평잔)증감률은 2018년 2월과 5월, 8월, 11월 및 2019년 2월, 7월까지이다.

자료는 한국은행에서 제공하는 경제통계시스템인 간편 검색을 통하여 구한 수

치이다. 그리고 경제성장률과 M1(평잔)증감률의 단위는 %이다. 이 기간 동안 경제성장률과 M1(평잔)증감률의 상관계수는 0.48을 나타내고 있다.

일반적으로 통화증가율의 증가와 금리인하는 역의 관계일 수밖에 없으며, 통화의 증가는 결국 경제에 있어서 자금순환에 긍정적인 영향을 나타내게 된다. 그리고 현재는 미국의 금리정책에 의하여 한국 내에 있어서의 실물 및 금융시장 모두가 민감하게 반영을 하고 있기도 한 상황이다. 한편 2019년 10월 하순 들어 미국의 경우 고용시장과 경제측면에서 양호한 흐름을 지속하고 있는 상황이다.

그림 9-7 ▎ 거시경제 분석 지표 중 경제성장률(좌축)과 M1(평잔)증감률(우축)

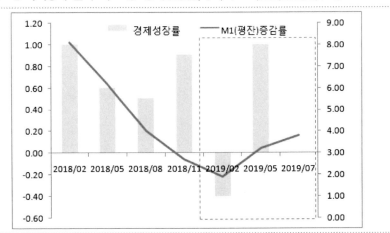

제2절   불확실성과 확실성의 등가에 대한 상관성

앞서도 언급한 바와 같이 투자와 관련된 수익률의 측면에 있어서는 기관 투자자들이 개인투자자들에 비하여 정보적인 측면에 있어서 유리할 수 있다고 시장에서는 보고 있다. 그리고 개인투자자들에 비하여 보다 정교한 분석을 통하여 포트폴리오를 개발하여 투자를 하고 있기도 한 상황이다.

요즈음에는 개인투자자들도 이와 같이 보다 정교한 분석을 통하여 분석을 하기도 하고 펀드와 같은 상품을 비롯하여 각종 해외 간접투자의 상품도 투자가 가능한 시대에 살고 있다. 그리고 직접투자의 경우에 있어서는 투자자들이 위험에 대하여 모두 노출되기 때문에 투자자의 위험회피도의 성향에 의하여 투자가 이루어지는 것이다.

한편 부동산(아파트, 주택, 토지 등) 투자의 경우에 있어서도 주식시장에서 평균(mean reverting)과 같은 성격으로 평균(average)을 중심으로 하여 등락이 심한 지역과 이 지역의 거래량(trade volume)의 상관관계를 잘 살펴보아야 한다는 것이 시장에서의 판단이다.

표 9-3 ▎ 정보와 투자자의 위험회피도의 성향

	내용적인 요인
정보와 투자자의 위험회피도의 성향	투자와 관련된 수익률의 측면에 있어서는 기관 투자자들이 개인투자자들에 비하여 정보적인 측면에 있어서 유리할 수 있다고 시장에서는 보고 있다. 그리고 개인투자자들에 비하여 보다 정교한 분석을 통하여 포트폴리오를 개발하여 투자를 하고 있기도 한 상황이다.
	개인투자자들도 이와 같이 보다 정교한 분석을 통하여 분석을 하기도 하고 펀드와 같은 상품을 비롯하여 각종 해외 간접투자의 상품도 투자가 가능한 시대에 살고 있다. 그리고 직접투자의 경우에 있어서는 투자자들이 위험에 대하여 모두 노출되기 때문에 투자자의 위험회피도의 성향에 의하여 투자가 이루어지는 것이다.
	부동산(아파트, 주택, 토지 등) 투자의 경우에 있어서도 주식시장에서 평균(mean reverting)과 같은 성격으로 평균(average)을 중심으로 하여 등락이 심한 지역과 이 지역의 거래량(trade volume)의 상관관계를 잘 살펴보아야 한다는 것이 시장에서의 판단이다.

그림 9-8 ▎ 기관 투자자들의 포트폴리오 투자 행태

투자와 관련된 수익률의 측면에 있어서는
기관 투자자들이 개인투자자들에 비하여
정보적인 측면에 있어서 유리

↓

개인투자자들에 비하여 보다 정교한 분석을 통하여
포트폴리오를 개발하여 투자를 하고 있기도 한 상황

그림 9-9 ▌ 투자자의 위험회피도의 성향

개인투자자들도 이와 같이 보다 정교한 분석을 통하여

분석을 하기도 하고 펀드와 같은 상품을 비롯하여

각종 해외 간접투자의 상품도 투자가

가능한 시대에 살고 있음

↓

직접투자의 경우에 있어서는 투자자들이 위험에

대하여 모두 노출되기 때문에 투자자의 위험회피도의

성향에 의하여 투자가 이루어지는 것

불확실성이 높아질수록 일반적으로 투자자들은 위험회피적인 성향을 갖기 때문에 확실성의 등가와 관련하여 적게 수익이 발생하더라도 확실한 수익원을 원하게 되고 위험에 대하여는 기피하게 되는 경우가 발생하게 되는 것이다.

2019년 11월 초순 들어 한국에서 가장 투자 유망한 지역의 경우 외국인들의 투자에 관심이 높아진 것과 같이 금융시장 이외에 부동산시장에 있어서도 글로벌 투자(global investment)의 관점에서 잘 판단해 나가야 한다.[1]

따라서 부동산 경기의 사이클도 미국을 중심으로 하는 금리정책과 국내 투자자들 이외에도 외국인들의 투자들의 투자 판단도 참조할 필요가 있는 것이다. 물론 내국인들도 해외 부동산에 대한 투자에 관심을 갖고 있기도 한 상황이다.

그림 9-10 ▌ 부동산(아파트, 주택, 토지 등) 투자와 거래량(trade volume)의 상관관계

부동산(아파트, 주택, 토지 등) 투자의 경우

↓

주식시장에서 평균(mean reverting)과 같은 성격으로

평균(average)을 중심으로 하여 등락이 심한 지역과

이 지역의 거래량(trade volume)의 상관관계를

잘 살펴보아야 함

---

1 The City UK(2016), Key Facts about UK Financial and Related Professional Services.

표 9-4 ▮ 불확실성과 투자자들은 위험회피적인 성향 및 글로벌 투자(global investment)

	내용적인 요인
불확실성과 투자자들은 위험회피적인 성향 및 글로벌 투자(global investment)	불확실성이 높아질수록 일반적으로 투자자들은 위험회피적인 성향을 갖기 때문에 확실성의 등가와 관련하여 적게 수익이 발생하더라도 확실한 수익원을 원하게 되고 위험에 대하여는 기피하게 되는 경우가 발생하게 되는 것이다.
	2019년 11월 초순 들어 한국에서 가장 투자 유망한 지역의 경우 외국인들의 투자에 관심이 높아진 것과 같이 금융시장 이외에 부동산시장에 있어서도 글로벌 투자(global investment)의 관점에서 잘 판단해 나가야 한다.
	따라서 부동산 경기의 사이클도 미국을 중심으로 하는 금리정책과 국내 투자자들 이외에도 외국인들의 투자들의 투자 판단도 참조할 필요가 있는 것이다. 물론 내국인들도 해외 부동산에 대한 투자에 관심을 갖고 있기도 한 상황이다.

그림 9-11 ▮ 투자자들은 위험회피적인 성향과 확실성 등가의 관계도

불확실성이 높아질수록 일반적으로
투자자들은 위험회피적인 성향을 가짐

↓

확실성의 등가와 관련하여 적게 수익이 발생하더라도
확실한 수익원을 원하게 되고 위험에 대하여는
기피하게 되는 경우가 발생

그림 9-12 ▮ 외국인들의 투자와 글로벌 부동산 투자

2019년 11월 초순 들어 한국에서 가장 투자 유망한
지역의 경우 외국인들의 투자에 관심이 높아짐

↓

금융시장 이외에 부동산시장에 있어서도
글로벌 투자(global investment)

그림 9-13 ▌ 부동산 경기의 사이클과 외국인들의 국내 투자

부동산 경기의 사이클 ◄── 내국인들도 해외 부동산에 대한 투자에
관심을 갖고 있기도 한 상황

↓

미국을 중심으로 하는 금리정책과
국내 이외에도 외국인들의 투자들의
투자 판단도 참조할 필요가 있음

그림 9-14 ▌ 거시경제 분석 지표 중 경제성장률(좌축)과 M2(평잔)증감률(우축)

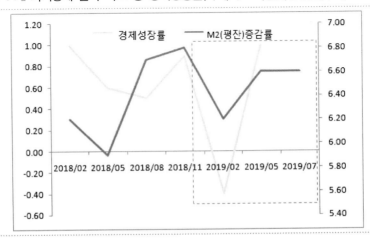

(그림 9-14)에는 거시경제 분석 지표 중 경제성장률(좌축)과 M2(평잔)증감률 (우축)이 나타나 있다. 여기서 기간은 경제성장률은 2018년 2월과 5월, 8월, 11월 및 2019년 2월과 5월이고, M2(평잔)증감률은 2018년 2월과 5월, 8월, 11월 및 2019년 2월, 7월까지이다.

자료는 한국은행에서 제공하는 경제통계시스템인 간편 검색을 통하여 구한 수 치이다. 그리고 경제성장률과 M2(평잔)증감률의 단위는 %이다. 이 기간 동안 경 제성장률과 M2(평잔)증감률의 상관계수는 0.31을 나타내고 있다.

2019년 11월 초순 들어 부동산의 경우 중소형에서 대형으로 일부 지역에서는 투자가 일어나기도 하고, 일부 지역을 중심으로 여전히 중소형에 대한 투자에 대 하여 투자자들의 관심이 지속되고 있기도 한 상황이다.

이와 같이 중소형 투자에 대한 매력은 초혼 연령의 증가와 함께 1인 가구의 증가 등 시대상이 반영된 결과로도 시장에서는 판단하고 있기도 하다. 한편 부동산 투자의 경우에 있어서도 기초경제적인 여건(fundamentals)을 고려해야 한다고 보는 시각도 존재하고 있다.

표 9-5 ▍ 부동산(아파트) 투자의 경우 평형에 투자 매력도

	내용적인 요인
부동산(아파트) 투자의 경우 평형에 투자 매력도	2019년 11월 초순 들어 부동산의 경우 중소형에서 대형으로 일부 지역에서는 투자가 일어나기도 하고, 일부 지역을 중심으로 여전히 중소형에 대한 투자에 대하여 투자자들의 관심이 지속되고 있기도 한 상황이다. 이와 같이 중소형 투자에 대한 매력은 초혼 연령의 증가와 함께 1인 가구의 증가 등 시대상이 반영된 결과로도 시장에서는 판단하고 있기도 하다.
	부동산 투자의 경우에 있어서도 기초경제적인 여건(fundamentals)을 고려해야 한다고 보는 시각도 존재하고 있다.

그림 9-15 ▍ 부동산(아파트) 투자의 경우 평형에 투자 매력도의 관계 및 경제와 상관성

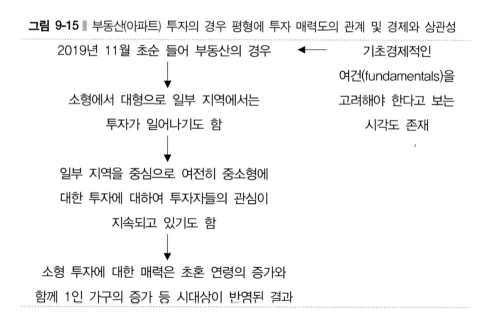

1. 주요국의 대도시의 초밀집지역과 부동산 가격(주택)의 동향에 대하여 설명하시오.

정답

	내용적인 요인
주요국의 대도시의 초밀집지역과 부동산 가격(주택)의 동향	2019년 10월 하순 들어 미국의 경우 주택의 경우 평당 가격이 대도시의 초밀집지역과 그 외의 지역 차이가 현저하게 벌어질 수 있음을 나타내 주고 있다. 이는 미국 이외에 저출산 고령화 영향을 받는 국가들에 있어서 향후 인구가 줄어들 경우에 있어서도 일본의 대도시의 초 밀집지역에서도 이 지역에서의 부동산 가격(주택)의 동향을 주시할 필요성이 있다고 시장 전문가들은 판단하고 있다.

2. 부동산(아파트) 가격과 위치적인 요인과 경제성, 사회에 대한 접근의 용이성에 대하여 설명하시오.

정답

	내용적인 요인
부동산(아파트) 가격과 위치적인 요인과 경제성, 사회에 대한 접근의 용이성	한국의 부동산(아파트)의 경우에 있어서도 참고가 되어야 한다는 측면을 이들은 주장하고 있는 것이다. 즉 현재의 상승 추세가 높은 지역은 향후에도 이와 같이 지속될 지를 지켜봐야 한다고 이들은 주장하고 있는 것이다.
	위치적인 혹은 지리와 관련된 부동산(아파트)의 가격 형성에 대한 주요한 요인 중에 하나이기 때문이다. 결국 부동산(아파트)의 경우 물리적인 위치성과 경제성 사이에 있어서의 상관관계가 높다고 판단하는 것이 시장 전문가들의 견해이기도 하다.
	결국 경제성이 사회에 대한 접근의 용이성으로 연결되고, 이는 기술적인 사회간접자본시설과의 상승효과를 가져온다는 것이다. 이는 4차 산업혁명의 발달과 함께 더욱 중요한 가치가 더해질 수 있다는 것이 시장에서의 판단이기도 하다.
	사회간접자본의 활성화는 기업들의 경제적인 생산부문에 있어서 지원과 관련된 간접적인 역할을 통하여 생산을 촉진시키게 된다. 따

라서 4차 산업혁명시대에 이에 맞는 사회간접자본의 형성은 새로운 형태의 고부가가치의 일자리를 생성하게 되고 이는 고임금으로 연결되어 고소비를 촉진시켜 나가면서 전반적인 경제에 활성화에 도움을 줄 수도 있다는 측면이다.

3. 정보와 투자자의 위험회피도의 성향에 대하여 설명하시오.

정답

	내용적인 요인
정보와 투자자의 위험회피도의 성향	투자와 관련된 수익률의 측면에 있어서는 기관 투자자들이 개인투자자들에 비하여 정보적인 측면에 있어서 유리할 수 있다고 시장에서는 보고 있다. 그리고 개인투자자들에 비하여 보다 정교한 분석을 통하여 포트폴리오를 개발하여 투자를 하고 있기도 한 상황이다.
	개인투자자들도 이와 같이 보다 정교한 분석을 통하여 분석을 하기도 하고 펀드와 같은 상품을 비롯하여 각종 해외 간접투자의 상품도 투자가 가능한 시대에 살고 있다. 그리고 직접투자의 경우에 있어서는 투자자들이 위험에 대하여 모두 노출되기 때문에 투자자의 위험회피도의 성향에 의하여 투자가 이루어지는 것이다.
	부동산(아파트, 주택, 토지 등) 투자의 경우에 있어서도 주식시장에서 평균(mean reverting)과 같은 성격으로 평균(average)을 중심으로 하여 등락이 심한 지역과 이 지역의 거래량(trade volume)의 상관관계를 잘 살펴보아야 한다는 것이 시장에서의 판단이다.

4. 불확실성과 투자자들은 위험회피적인 성향 및 글로벌 투자(global investment)에 대하여 설명하시오.

정답

	내용적인 요인
불확실성과 투자자들은 위험회피적인 성향 및 글로벌 투자(global investment)	불확실성이 높아질수록 일반적으로 투자자들은 위험회피적인 성향을 갖기 때문에 확실성의 등가와 관련하여 적게 수익이 발생하더라도 확실한 수익원을 원하게 되고 위험에 대하여는 기피하게 되는 경우가 발생하게 되는 것이다.
	2019년 11월 초순 들어 한국에서 가장 투자 유망한 지역이 경우 외국인들의 투자에 관심이 높아진 것과 같이 금융시장 이외에 부동산시장에 있어서도 글로벌 투자(global investment)의 관점에서 잘 판단해 나가야 한다.

따라서 부동산 경기의 사이클도 미국을 중심으로 하는 금리정책과 국내 투자자들 이외에도 외국인들의 투자들의 투자 판단도 참조할 필요가 있는 것이다. 물론 내국인들도 해외 부동산에 대한 투자에 관심을 갖고 있기도 한 상황이다.

5. 부동산(아파트) 투자의 경우 평형에 투자 매력도에 대하여 설명하시오.

정답

	내용적인 요인
부동산(아파트) 투자의 경우 평형에 투자 매력도	2019년 11월 초순 들어 부동산의 경우 중소형에서 대형으로 일부 지역에서는 투자가 일어나기도 하고, 일부 지역을 중심으로 여전히 중소형에 대한 투자에 대하여 투자자들의 관심이 지속되고 있기도 한 상황이다. 이와 같이 중소형 투자에 대한 매력은 초혼 연령의 증가와 함께 1인 가구의 증가 등 시대상이 반영된 결과로도 시장에서는 판단하고 있기도 하다.
	부동산 투자의 경우에 있어서도 기초경제적인 여건(fundamentals)을 고려해야 한다고 보는 시각도 존재하고 있다.

미국의 경기와
금리정책, 국내 재테크 투자

제1절   저금리시대 금융기관의 위험관리와 미국의 NAPM지수

··

    향후 포트폴리오 투자의 경우에 있어서 금융기관의 평가등급을 포함한 신뢰
의 제고가 더욱 중요해질 것으로 판단된다.[1] 이는 글로벌 경쟁시대에 있어서 투
자자들의 성향이 고수익과 낮은 위험을 추구하는 반면에 2020년 이후 저금리시
대로 미국을 비롯하여 한국이 들어갈 경우에 있어서는 금융기관이 위험관리(risk
management)를 잘하는 가운데 수익도 내야하는 상황이 발생할 수 있기 때문이다.

    2019년 11월 초순 들어 미국의 경우 제조업과 관련된 NAPM지수를 살펴보면
좋은 모습을 보인다고 볼 수 없는데 이는 미국과 중국에 있어서 무역 분쟁의 여
파도 일정 부분 있는 것으로 시장에서는 판단하고 있는 상황이다.

---

1 The Guardian(2016), Black box car insurance: a young driver's new best friend behind
  in the dashboard.

표 10-1 ┃ 저금리시대의 금융기관의 위험관리(risk management)

	내용적인 요인
저금리시대의 금융기관의 위험관리(risk management)	향후 포트폴리오 투자의 경우에 있어서 금융기관의 평가등급을 포함한 신뢰의 제고가 더욱 중요해질 것으로 판단된다. 이는 글로벌 경쟁시대에 있어서 투자자들의 성향이 고수익과 낮은 위험을 추구하는 반면에 2020년 이후 저금리시대로 미국을 비롯하여 한국이 들어갈 경우에 있어서는 금융기관이 위험관리(risk management)를 잘하는 가운데 수익도 내야하는 상황이 발생할 수 있기 때문이다.

여기서 미국의 NAPM지수의 경우 제조업에 있어서 선행적인 지표(leading index)의 역할을 하고 있다. 이는 매월에 걸쳐가 미국의 구매 관리자 협회에 의하여 제조업의 동향과 관련하여 조사를 하고 그 결과에 바탕을 두고 있는 것으로 시장에서는 판단하고 있다.

그림 10-1 ┃ 저금리시대의 금융기관의 위험관리(risk management)

포트폴리오 투자의 경우에 있어서 금융기관의
평가등급을 포함한 신뢰의 제고가 더욱 중요해질 것

↓

글로벌 경쟁시대에 있어서 투자자들의 성향이
고수익과 낮은 위험을 추구

2020년 이후 저금리시대로 미국을
비롯하여 한국이 들어갈 경우

↓

금융기관이 위험관리(risk management)를
잘하는 가운데 수익도 내야 하는 상황이
발생할 수 있기 때문

표 10-2 ▌미국과 중국의 무역 분쟁과 미국의 NAPM지수

	내용적인 요인
미국과 중국의 무역 분쟁과 미국의 NAPM지수	2019년 11월 초순 들어 미국의 경우 제조업과 관련된 NAPM지수를 살펴보면 좋은 모습을 보인다고 볼 수 없는데 이는 미국과 중국에 있어서 무역 분쟁의 여파도 일정 부분 있는 것으로 시장에서는 판단하고 있는 상황이다.

그림 10-2 ▌미국과 중국의 무역 분쟁과 미국의 NAPM지수의 관계도

2019년 11월 초순 들어 미국의 경우 제조업과 관련된

NAPM지수를 살펴보면 좋은 모습을 보인다고 볼 수 없음

↓

이는 미국과 중국에 있어서 무역 분쟁의 여파도

일정 부분 있는 것으로 시장에서는 판단하고 있는 상황

표 10-3 ▌미국의 NAPM지수 : 제조업에 있어서 선행적인 지표(leading index)

	내용적인 요인
미국의 NAPM지수 : 제조업에 있어서 선행적인 지표 (leading index)	미국의 NAPM지수의 경우 제조업에 있어서 선행적인 지표(leading index)의 역할을 하고 있다. 이는 매월에 걸쳐가 미국의 구매 관리자 협회에 의하여 제조업의 동향과 관련하여 조사를 하고 그 결과에 바탕을 두고 있는 것으로 시장에서는 판단하고 있다.

그림 10-3 ▌미국의 NAPM지수 : 제조업에 있어서 선행적인 지표(leading index)의 역할

미국의 NAPM지수의 경우

↓

제조업에 있어서 선행적인 지표(leading index)의 역할

↓

매월에 걸쳐가 미국의 구매 관리자 협회에

이하여 제조업의 동향과 관련히여 조사

↓

그 결과에 바탕을 두고 있음

그림 10-4 ┃ 거시경제 분석 지표 중 경제성장률(좌축)과 Lf(평잔)증감률(우축)

(그림 10－14)에는 거시경제 분석 지표 중 경제성장률(좌축)과 Lf(평잔)증감률 (우축)이 나타나 있다. 여기서 기간은 경제성장률은 2018년 2월과 5월, 8월, 11월 및 2019년 2월과 5월이고, Lf(평잔)증감률은 2018년 2월과 5월, 8월, 11월 및 2019년 2월, 7월까지이다.

자료는 한국은행에서 제공하는 경제통계시스템인 간편 검색을 통하여 구한 수치이다. 그리고 경제성장률과 Lf(평잔)증감률의 단위는 %이다. 이 기간 동안 경제성장률과 Lf(평잔)증감률의 상관계수는 0.30을 나타내고 있다.

제2절   재테크 투자와 관련된 견해

미국과 한국의 글로벌 동조화 현상이 진행되고 있는 가운데 금융시장 이외에도 실물시장에서도 비슷한 양상이 전개되고 있다. 일부 시장 전문가들에게 있어서는 미국과 일본 등 선진국에서의 부동산 시장이 약세인지 체크를 해 보아야 한다는 의견을 갖고 있기도 하다.

표 10-4 ▌미국과 한국의 글로벌 동조화 현상 : 금융시장 과 실물시장

	내용적인 요인
미국과 한국의 글로벌 동조화 현상 : 금융시장 과 실물시장	미국과 한국의 글로벌 동조화 현상이 진행되고 있는 가운데 금융시장 이외에도 실물시장에서도 비슷한 양상이 전개되고 있다. 일부 시장 전문가들에게 있어서는 미국과 일본 등 선진국에서의 부동산 시장이 약세인지 체크를 해 보아야 한다는 의견을 갖고 있기도 하다.

그림 10-5 ▌미국과 한국의 글로벌 동조화 현상 : 금융시장과 실물시장

미국과 한국의 글로벌 동조화 현상이 진행되고 있는 가운데

금융시장 이외에도 실물시장에서도 비슷한 양상이 전개

↓

미국과 일본 등 선진국에서의 부동산 시장이

약세인지 체크를 해 보아야 함

한국의 경우 특정지역에서 강을 중심으로 이루어지기도 하고, 조망권과 관련하여 투자가 아파트나 오피스텔 등에서도 중요하게 여겨지기도 한다. 그리고 앞에서도 언급한 바와 같이 평형을 중심으로 소형에서 중형으로 대형으로 이어지는 연결고리의 투자 패턴과 특정지역의 오름 현상이 주변에 순차적으로 전파되기도 한다.

표 10-5 ▌아파트나 오피스텔 등 : 투자 패턴

	내용적인 요인
아파트나 오피스텔 등 : 투자 패턴	한국의 경우 특정지역에서 강을 중심으로 이루어지기도 하고, 조망권과 관련하여 투자가 아파트나 오피스텔 등에서도 중요하게 여겨지기도 한다. 그리고 앞에서도 언급한 바와 같이 평형을 중심으로 소형에서 중형으로 대형으로 이어지는 연결고리의 투자 패턴과 특정지역의 오름 현상이 주변에 순차적으로 전파되기도 한다.

그림 10-6 ▎ 아파트나 오피스텔 등 : 투자 패턴

한국의 경우 특정지역에서 강을 중심으로 이루어지기도 함

↓

조망권과 관련하여 투자가 아파트나 오피스텔 등에서도

중요하게 여겨지기도 함

↓

평형을 중심으로 소형에서 중형으로 대형으로

이어지는 연결고리의 투자 패턴

↓

특정지역의 오름 현상이 주변에 순차적으로

전파되기도 함

소형이나 중소형의 경우 결혼 연령이나 1인 가구의 증가와 함께 관심을 갖게 되기도 하는 것이다. 이와 같은 현재 시대의 흐름과 함께 평균을 중심으로 움직이는 현상도 눈여겨보아야 한다는 것이 시장에서의 판단인 것이다.

그림 10-7 ▎ 투자의 형태 : 평형과 평균을 중심으로 움직이는 현상

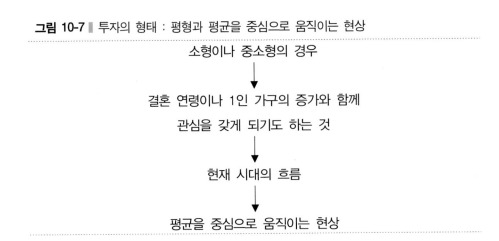

소형이나 중소형의 경우

↓

결혼 연령이나 1인 가구의 증가와 함께

관심을 갖게 되기도 하는 것

↓

현재 시대의 흐름

↓

평균을 중심으로 움직이는 현상

표 10-6 ▎ 투자의 형태 : 평형과 평균을 중심으로 움직이는 현상

	내용적인 요인
투자의 형태 : 평형과 평균을 중심으로 움직이는 현상	소형이나 중소형의 경우 결혼 연령이나 1인 가구의 증가와 함께 관심을 갖게 되기도 하는 것이다. 이와 같은 현재 시대의 흐름과 함께 평균을 중심으로 움직이는 현상도 눈여겨보아야 한다는 것이 시장에서의 판단인 것이다.

그리고 국내 부동산시장이 국내인 이외에도 외국인들도 매수를 하는 것도 하나의 현상으로 보아야 한다. 따라서 미국을 중심으로 하는 금리정책과 한국의 거시경제 정책 그리고 한국의 대학입학 시험과 관련된 교육제도 등 모든 제반 여건 등도 부동산(아파트, 주택, 토지 등) 가격(real estate price) 움직임에 영향의 요인들이다.

그리고 중앙정부나 지방정부의 정책적인 함의도 중요하고 향후 미국을 비롯한 선진국들과[2] 이웃하고 있는 중국과 일본 등의 경제정책과 경기변동 등 제반 여건들에 대하여도 잘 살펴보아야 한다.

---

2 Europa(2016), Brexit: the United－Kingdom and EU financial services.

BBA(2015), Digital Disruption, UK Banking Report.

Cityam(2017), Fintech Funding trends in 2017.

Europa(2016), Brexit: the United−Kingdom and EU financial services.

FCA(2016), Access to Financial Services in the UK.

Financial Stability Board(2017), Financial Stability Implications From Fintech.

Payments forum(2016), The Open Banking Standard.

Pitch Book(2016), How Fintech is Reshaping Asset Management.

Research Gate(2013), Stem in Israel.

SDI(2017), Edinburgh's tech hubs and communities.

The City UK(2016), Key Facts about UK Financial and Related Professional Services.

The Guardian(2016), Black box car insurance: a young driver's new best friend
　　　behind in the dashboard.

http://ecos.bok.or.kr/

찾아보기

ㄱ

가격 118, 217
가치투자 184, 193
간접적인 투자 100
개방형 120
개인연금 29
개인투자자 187, 194
거래량 204
거시경제 84, 96, 153
거시경제분석 82
건설투자 168
건설투자증감률 96
경기변동 77, 86, 127
경제 19, 57
경제균형 50
경제성장률 82, 97, 129, 139, 152, 190,
　202
고령화 67
고용률 131
고전학파적인 견해 52
공급의 법칙 38
광역시 92
교육시설 94
구매력 59
국가 72
국민총생산 121
국제통화기금 171
규모경제효과 189

규모의 경제성 55
균형 87
그린본드 175, 189
근원인플레이션율 154
글로벌 동조화 215
글로벌 투자 205, 209
금리 23, 28, 40, 43
금리정책 30, 35, 44
금융 79, 86
금융부문 93
금융시장 19, 24, 27, 42
금융위기 171
금융자산 45, 64, 130
금융투자 80
기관 투자자 188
기업금융 109, 110, 114

ㄴ

남부유럽 72
노동생산성증감률 141

ㄷ

단기적 156
단기적 측면 74
대도시 197
대만 32
대출 157
도시개발 95

디지털뱅킹시스템 9

ㄹ

리츠 175
리츠의 투자 188
리츠펀드 78

ㅁ

마진 143
매매가격 41
면책범위 125
모험자본 125, 128
무역협상 42
무역환경 155
무차별적 곡선 145
문화 94
미국 13, 35, 54, 61
미국경제 30, 44
미래 56, 66
미래가치 14, 36, 176, 191
민간소비증감률 83

ㅂ

발행 115
발행부문 113
뱅킹시스템 47, 48
보험 89, 98, 118
부도위험 144
부동산 65, 76, 80, 165
부동산 가격 198
부동산(주택) 14, 19, 36, 71, 73, 99, 119
부동산(주택) 가격 95

부동산(주택)관련 투자 105
부동산(주택)시장 24, 26, 41, 176
부동산(주택)자산 11, 34, 45, 49
부동산시장 168, 173, 217
분양가상한제 183
불완전 고용 64, 81
불확실성 209
블록체인 181
비용 최소화 136
비중 151
비트코인 181
빅 데이터 116

ㅅ

사이클 206
4차 산업혁명 92, 116, 144
사회간접자본 201
사회에 대한 접근 200
산업생산지수 12, 13, 17, 21, 32
상관계수 154
상관관계 147, 159
상관성 분석 142
생산자물가등락률 152
서울 186
선행적인 지표 213
설비투자증감률 83, 84
성과 90
세금 131, 133
세제 정책 179
소비자물가등락률 153
소비자물가지수 33, 54, 60, 62, 75
송금 63
수익금 78
수익률 147, 159, 167

수익모형 114

수익성 166

수입물가등락률 170

수출물가등락률 170

순이자 143

승수 57, 58

시간당명목임금증감률 139

시스템 103

시장 20, 39

신고전학파 37

신고전학파의 이론 15

신용 58, 59

실물자산 130

실물투자 79

유동부채 112, 122

유동성 52, 65, 173

유동자산 110, 122

유럽 91, 117, 172

유로지역 21, 75

유통시장 109, 115

은행 19, 46, 63, 89, 172

이자율 53

인구 177

인터넷 10, 34, 38, 55

인터넷관련 전문은행 15, 71, 101

인터페이스 103

일본 17

임대료 26

ㅇ

아파트 178, 182, 192, 201

아파트매매가격등락률 186

안전관리 137

안전자산 185

안정성 138

역세권 180

영국 62

오픈뱅킹 101, 102, 104

오픈뱅킹시스템 9, 25

오피스텔 215

외국인투자자 194

용이성 199

위치적인 요인 200, 208

위험 148

위험관리 212

위험자산 161

위험회피 145, 146, 158, 205

위험회피도 203, 204

ㅈ

자금조달 140

자본계수 108

자본의 배분선 161

자산 167

자산수익률 129

장기적 측면 74

장기적인 156

재무제표 140

재테크 214

저금리 211

저금리 정책 157

저출산 67

저평가 73

전문은행 10

전세시장 183, 193

전자상거래 46

접근 199

정보 203

정보의 비대칭성 16
정보통신기술 166
정상영업 112
제조업 106, 107, 212
종목 149, 160
주식 138, 162
주택 179, 192, 198, 201
주택경기 169
주택매매가격등락률 182
중국 28, 60, 61, 137
중앙은행 16, 37
증권 113, 142
증권의 시장선 150
직접적인 투자 100

ㅊ

채권가격 28, 43
초밀집지역 197, 208
총자본형성 108, 121
총저축률 97
총투자율 105

ㅋ

케인즈 50, 51, 53
케인지안 81, 87

ㅌ

통화정책 17, 169
퇴직연금 29
투기 184
투자 51, 77, 85, 99, 126, 127, 128,
   132, 150, 151, 155, 185
투자 매력도 207, 210

투자 선택 135
투자수익률 56, 66
투자심리 49
투자 패턴 165
투자자 146, 158

ㅍ

펀드 투자 76
편리성 93
평균 133, 216
평균가동률 106, 107
평균자본비용 111
평형 207, 210, 216
포트폴리오 11, 27, 148
포트폴리오 수익률 162
포트폴리오 위험 160
플랫폼 사업 104, 120

ㅎ

학군 180
한계 효율성 126, 132
한국 12, 25, 33, 47, 91, 117
해외 48
핸드폰 102
현금흐름 111
혼합적인 영업 방식 98
혼합적인 은행 모형 90
환율 23, 40
회사채 135
회사채 발행 141
효율성 20, 39, 85

기타

DTI   177, 191

ESG투자   187

Lf(평잔)증감률   214

LTV   178

M1(평잔)증감률   202

M2(평잔)증감률   206

NAPM지수   211, 213

SCM   136

WTI 현물유가등락률   190

저자약력

김종권

성균관대학교 경제학사 졸업
서강대학교 경제학석사 졸업
서강대학교 경제학박사 졸업
대우경제연구소 경제금융연구본부 선임연구원 역임
LG투자증권 리서치센터 책임연구원 역임
한국보건산업진흥원 정책전략기획단 책임연구원 역임
전 산업자원부 로봇팀 로봇융합포럼 의료분과위원
전 한국경제학회 사무차장
전 한국국제경제학회 사무차장
현재 신한대학교 글로벌통상경영학과 부교수
　　　한국국제금융학회 이사

저서

재정학과 실무, 박영사, 2017.12
정보경제학과 4차 산업혁명, 박영사, 2018.9
금융재정학과 블록체인, 박영사, 2018.10
디지털경제의 재테크 트렌드, 박영사, 2019.7
백만장자가 되기 위한 재테크통계학, 박영사, 2019.8
초일류 부자는 호황을 이야기한다, 박영사, 2019.11
지금이 부자될 기회다, 박영사, 2019.11

공적

의정부세무서장 표창장(2011.3.3)
국회 기획재정위원회 위원장 표창장(2018.5.3)
국회 산업통상자원중소벤처기업위원회 위원장 표창장(2019.9.3)

땡큐 재테크 투자 – 부(富) 및 인터넷 파이낸스

초판발행   2019년 12월 15일

지은이   김종권
펴낸이   안종만·안상준

편 집   전채린
기획/마케팅   손준호
표지디자인   조아라
제 작   우인도·고철민

펴낸곳   (주) 박영사
            서울특별시 종로구 새문안로3길 36, 1601
            등록 1959. 3. 11. 제300-1959-1호(倫)

전 화   02)733-6771
f a x   02)736-4818
e-mail   pys@pybook.co.kr
homepage   www.pybook.co.kr
ISBN   979-11-303-0911-8 93320

copyright©김종권, 2019, Printed in Korea

* 잘못된 책은 바꿔드립니다. 본서의 무단복제행위를 금하니다
* 저자와 협의하여 인지첩부를 생략합니다.

정 가   18,000원